SENDEROS 3

Spanish for a Connected World

Practice Workbook

VISTA®
HIGHER LEARNING

Student Text ISBN: 978-1-68005-308-1

Teacher's Edition ISBN: 978-1-68005-311-1

1 2 3 4 5 6 7 8 9 BB 22 21 20 19 18 17

Table of Contents

Nombre ___   Fecha ___

Contextos

Lección 1

1 La naturaleza Complete the sentences with the appropriate nature-related words.

1. La luna, las estrellas, el sol y las nubes están en el _____.
2. El _____ es un lugar donde no llueve y hace mucho calor.
3. Una montaña que tiene un cráter es un _____.
4. La región llana (*flat*) que hay entre dos montañas es un _____.
5. La _____ es un bosque tropical, lo que significa que está cerca del ecuador.
6. Para ir a pasear por las montañas, es importante seguir un _____.

2 Problema y solución Match each problem with its solution. Then write a sentence with each pair, providing a solution to the problem.

Problemas	Soluciones
1. la deforestación de los bosques	controlar las emisiones de los coches
2. la erosión de las montañas	plantar muchos árboles
3. la falta (*lack*) de recursos naturales	prohibir que se corten (*cut down*) los árboles en algunas regiones
4. la contaminación del aire en las ciudades	reciclar los envases y latas
5. la contaminación nuclear	desarrollar fuentes (*sources*) de energía renovable

modelo
la extinción de plantas y animales / proteger las especies en peligro
Para resolver el problema de la extinción de plantas y animales, tenemos que proteger las especies en peligro.

1. _____
2. _____
3. _____
4. _____
5. _____

3 Sinónimos y antónimos Fill in the blanks with the correct verbs from the word bank.

conservar   contaminar   dejar de   mejorar   reducir

1. gastar ≠ _____   4. continuar ≠ _____
2. hacerse mejor = _____   5. limpiar ≠ _____
3. usar más ≠ _____

© by Vista Higher Learning, Inc. All rights reserved.   **Lección 1 Contextos** Activities   1

4 **Nuestra madre** Fill in the blanks with the correct terms. Then, read the word formed vertically to complete the final sentence.

1. El lugar donde vivimos es nuestro medio _____.
2. Un bosque tiene muchos tipos de árboles y _____.
3. Un volcán tiene un _____ en la parte de arriba.
4. Cuando el cielo está nublado, hay muchas _____.
5. Las _____ son rocas (*rocks*) más pequeñas.
6. Otra palabra para *ave* es _____.
7. La _____ es el estudio de los animales y plantas en su medio ambiente.
8. En el _____ están el sol, la luna y las estrellas.
9. El salmón es un tipo de _____.
10. El satélite natural que se ve desde la Tierra es la _____.

Todas estas cosas forman parte de la _____.

---

5 **Carta de un lector** Complete this letter to the editor with items from the word bank.

árboles	deforestación	evitar	población	reducir
conservar	dejar de	ley	reciclar	resolver
contaminación	envase	mejorar	recurso natural	respiramos

Creo que la (1) _____ del aire es un problema que se tiene que

(2) _____ muy pronto. Cada día hay más carros que contaminan el aire que

nosotros (3) _____. Además, la (4) _____ en las regiones cerca de la

ciudad elimina una gran parte del oxígeno que los (5) _____ le proveían (*provided*)

a la (6) _____ de la ciudad. Es importante (7) _____ las condiciones de

las calles para que las personas puedan pasear en bicicleta para ir al trabajo. Así, todos pueden

(8) _____ el petróleo, que es un (9) _____ que no va a durar (*last*).

El uso de bicicletas en la ciudad es una de las mejores ideas para (10) _____ el uso

de los carros. Debemos (11) _____ pensar que el carro es un objeto necesario y

buscar otras maneras de transportarnos. Quizás algún día podamos (12) _____ los

problemas que nos causa la contaminación.

6 **¿Lógico o ilógico?** You will hear some questions and the responses. Decide if they are **lógico** or **ilógico**.

1. Lógico   Ilógico   4. Lógico   Ilógico
2. Lógico   Ilógico   5. Lógico   Ilógico
3. Lógico   Ilógico   6. Lógico   Ilógico

7 **Eslóganes** You will hear some slogans created by environmentalists. Write the number of each slogan next to the ecological problem it addresses.

_____ a. la contaminación del aire   _____ d. la contaminación del agua
_____ b. la deforestación urbana   _____ e. el ecoturismo
_____ c. la extinción de animales   _____ f. la basura en las calles

8 **Preguntas** Look at the drawings and answer each question you hear. Repeat the correct response after the speaker.

1.

2.

3.

4.

9 **Anuncio** Listen to this radio advertisement and write the missing words.

Para los que gustan del (1) _____, la agencia Eco-Guías los invita a viajar a la

(2) _____ amazónica. Estar en el Amazonas es convivir (*to coexist*) con la

(3) _____. Venga y (4) _____ los misterios del

(5) _____. Admire de cerca las diferentes (6) _____ y

(7) _____ mientras navega por un (8) _____ que parece

mar. Duerma bajo un (9) _____ lleno de (10) _____.

Audio Activities

Aventuras en la naturaleza

Antes de ver el video

1 **En Tulum** Marissa and Jimena visit a turtle sanctuary while Felipe and Juan Carlos take a tour through the jungle. What do you think the four friends will talk about when they are back together?

_____
_____
_____
_____
_____
_____
_____

Mientras ves el video

2 **Opiniones** Watch **Aventuras en la naturaleza** and place a check mark beside each opinion that is expressed.

_____ 1. Necesitamos aprobar leyes para proteger a las tortugas.

_____ 2. A menos que protejamos a los animales, muchos van a estar en peligro de extinción.

_____ 3. No es posible hacer mucho para proteger el medio ambiente.

_____ 4. Hoy estamos en Tulum, ¡y el paisaje es espectacular!

_____ 5. El mar está muy contaminado.

3 **La aventura en la selva** As you watch Felipe and Juan Carlos' flashback about their adventure in the jungle, place a check mark beside what you see.

_____ 1. un volcán   _____ 4. un desierto

_____ 2. unos árboles   _____ 5. un teléfono celular

_____ 3. unas plantas   _____ 6. una cámara

4 **¿Quién lo dijo?** Say who makes each statement, and fill in the blanks.

_____ 1. Espero que Felipe y Juan Carlos no estén perdidos en la _____...

_____ 2. No lo van a _____.

_____ 3. Estábamos muy emocionados porque íbamos a aprender sobre los

_____.

_____ 4. Por favor, síganme y eviten pisar (*avoid stepping on*) las _____.

_____ 5. Decidí seguir un _____ que estaba cerca.

Después de ver el video

5 **¿Cierto o falso?** Indicate whether each sentence is **cierto** or **falso**. If an item is false, rewrite it so it is correct.

1. Marissa dice que el paisaje de Tulum es espectacular.

   _____

2. A Jimena le gustaría viajar a Wisconsin para visitar a Marissa.

   _____

3. Según la guía, hay compañías que cuidaron la selva.

   _____

4. Felipe y Juan Carlos estaban muy aburridos porque iban a conocer la selva.

   _____

5. Marissa y Jimena aprendieron las normas que existen para cazar tortugas.

   _____

6 **Responder** Answer the following questions in Spanish. Write complete sentences.

1. ¿Por qué cree Jimena que ése es el último viaje del año que todos hacen juntos?

   _____

2. ¿Por qué estaban emocionados Juan Carlos y Felipe antes de visitar la selva?

   _____

   _____

3. ¿Por qué se separaron del grupo Juan Carlos y Felipe?

   _____

   _____

4. ¿Marissa cree la historia de Felipe?

   _____

   _____

5. Según Jimena, ¿qué pasa ahora con la población de tortugas?

   _____

   _____

7 **Describir** List a few things that people can do to protect your community's environment.

   _____

   _____

   _____

   _____

   _____

   _____

Pronunciación

l, ll, and y

In Spanish, the letter **l** is pronounced much like the *l* sound in the English word *lemon*.

  cielo   **l**ago   **l**ata   **l**una

You have learned that most Spanish speakers pronounce the digraph **ll** like the *y* in the English word *yes*. The letter **y** is often pronounced in the same manner.

  estre**ll**a   va**ll**e   ma**y**o   pla**y**a

When the letter **y** occurs at the end of a syllable or by itself, it is pronounced like the Spanish letter **i**.

  le**y**   mu**y**   vo**y**   **y**

1   **Práctica** Repeat each word after the speaker focusing on the **l**, **ll**, and **y** sounds.

1. lluvia	4. reciclar	7. limón	10. pantalla	13. taller
2. desarrollar	5. llegar	8. raya	11. yogur	14. hay
3. animal	6. pasillo	9. resolver	12. estoy	15. mayor

2   **Oraciones** When you hear the number, read the corresponding sentence aloud. Then listen to the speaker and repeat the sentence.

1. Ayer por la mañana Leonor se lavó el pelo y se maquilló.
2. Ella tomó café con leche y desayunó pan con mantequilla.
3. Después su yerno vino a su casa para ayudarla.
4. Pero él se cayó en las escaleras del altillo y se lastimó la rodilla.
5. Leonor lo llevó al hospital.
6. Allí le dieron unas pastillas para el dolor.

3   **Refranes** Repeat each saying after the speaker to practice the **l**, **ll**, and **y** sounds.

1. Quien no oye consejo no llega a viejo. [1]
2. A caballo regalado, no le mires el diente. [2]

4   **Dictado** You will hear five sentences. Each will be said twice. Listen carefully and write what you hear.

1. _____

2. _____

3. _____

 _____

4. _____

5. _____

 _____

[1] *He who doesn't listen to advice doesn't reach old age.*
[2] *Don't look a gift horse in the mouth.*

Estructura

1.1 The subjunctive with verbs of emotion

1 **Emociones** Complete the sentences with the subjunctive of the verbs in parentheses.

1. A mis padres les molesta que los vecinos _____ (quitar) los árboles.

2. Julio se alegra de que _____ (haber) muchos pájaros en el jardín de su casa.

3. Siento que Teresa y Lola _____ (estar) enfermas.

4. Liliana tiene miedo de que sus padres _____ (decidir) mudarse a otra ciudad.

5. A ti te sorprende que la deforestación _____ (ser) un problema tan grande.

6. Rubén espera que el gobierno _____ (mejorar) las leyes que protegen la naturaleza.

2 **Comentarios de Manuel** Your friend Manuel is talking about his opinions on the environment. Combine his statements, using the subjunctive.

modelo
En algunos países la gente usa mucha gasolina. Es terrible.
Es terrible que en algunos países la gente use mucha gasolina.

1. Muchos ríos están contaminados. Es triste.

_____

2. Algunas personas evitan reciclar. Es ridículo.

_____

3. Los turistas no recogen la basura. Es una lástima.

_____

4. La gente destruye el medio ambiente. Es extraño.

_____

3 **Ojalá...** Manuel is still hopeful about the environment. Express his opinions using the elements provided. Start the sentences with **Ojalá que**.

1. los países / conservar sus recursos naturales

_____

2. las futuras generaciones / no estar afectadas por nuestros errores

_____

3. la población / querer cambiar las leyes de deforestación

_____

4. las personas / reducir el uso de los carros en las ciudades

_____

5. todos nosotros / saber resolver el problema del calentamiento global

_____

4 **Lo que sea** Change the subject of the second verb in each sentence to the subject in parentheses. Then complete the new sentence with the new subject, using the subjunctive.

> **modelo**
> Pablo se alegra de ver a Ricardo. (su madre)
> *Pablo se alegra de que su madre vea a Ricardo.*

1. Me gusta salir los fines de semana. (mi hermana)

   Me gusta que _____.

2. José y tú esperan salir bien en el examen. (yo)

   José y tú esperan que _____.

3. Es ridículo contaminar el mundo en que vivimos. (la gente)

   Es ridículo que _____.

4. Carla y Patricia temen separarse del sendero. (sus amigos)

   Carla y Patricia temen que _____.

5. Te molesta esperar mucho al ir de compras. (tu novio)

   Te molesta que _____.

6. Es terrible usar más agua de la necesaria. (las personas)

   Es terrible que _____.

7. Es triste no saber leer. (Roberto)

   Es triste que _____.

8. Es una lástima encontrar animales abandonados. (los vecinos)

   Es una lástima que _____.

5 **Oraciones** Describe the characters' feelings about the environment using the elements provided and the present subjunctive.

1. Miguel / alegrarse / sus amigos / reciclar los periódicos y los envases

   _____

2. a los turistas / sorprender / el país / proteger tanto los parques naturales

   _____

3. Maru / temer / algunas personas / cazar animales en peligro de extinción

   _____

4. don Diego / sentir / las playas de la ciudad / estar contaminadas

   _____

5. Felipe y sus amigos / esperar / el gobierno / desarrollar nuevos sistemas de energía

   _____

6. a Jimena / gustar / mi primo / recoger y cuidar animales abandonados

   _____

6 **Escoger** Listen to each statement and choose the most logical response.

1. a. Ojalá que se mejore pronto.
   b. Me alegro de que esté bien.

2. a. Espero que podamos ir a nadar mañana.
   b. Es una lástima que ya no lo podamos usar.

3. a. Me sorprende que venga temprano.
   b. Siento que se pierda la película.

4. a. Temo que el río esté contaminado.
   b. Me alegro de que vea bien.

5. a. Es ridículo que el gobierno controle cuándo nos bañamos.
   b. Me gusta cepillarme los dientes.

6. a. Es triste que la gente cuide las playas.
   b. Me molesta que no hagamos nada para mejorar la situación.

7 **Cambiar** Change each sentence you hear to the subjunctive mood using the expression below. Repeat the correct answer after the speaker.

> modelo
>
> You hear: Cada año hay menos árboles en el mundo.
> You see: Es una lástima.
> You say: Es una lástima que cada año haya menos árboles en el mundo.

1. Es triste.
2. Es extraño.
3. Es terrible.
4. Es ridículo.
5. Es una lástima.
6. Me molesta.

8 **Preguntas** Answer each question you hear using the cues. Repeat the correct response after the speaker.

> modelo
>
> You hear: ¿De qué tienes miedo?
> You see: nosotros / no resolver la crisis de energía
> You say: Tengo miedo de que nosotros no resolvamos la crisis de energía.

1. Ricardo / estudiar ecología
2. muchas personas / no preocuparse por el medio ambiente
3. tú / hacer un viaje a la selva
4. el gobierno / controlar el uso de la energía nuclear
5. los turistas / recoger las flores
6. haber / tantas plantas en el desierto

9 **El Club de Ecología** Listen to this conversation. Then read the statements and decide whether they are **cierto** or **falso**.

	Cierto	Falso
1. Carmen se alegra de que la presidenta del club empiece un programa de reciclaje.	○	○
2. Héctor espera que Carmen se enoje con la presidenta.	○	○
3. Carmen teme que los otros miembros (*members*) quieran limpiar las playas.	○	○
4. A Carmen le gusta ir a la playa.	○	○
5. A Héctor le sorprende que Carmen abandone (*resigns from*) el club.	○	○
6. Carmen cree que la presidenta va a cambiar de idea.	○	○

Lección 1

Communication Activities

10 ESTUDIANTE 1

No te preocupes Estás muy preocupado/a por los problemas del medio ambiente y le comentas a tu compañero/a todas tus preocupaciones. Él/ella va a darte la solución adecuada a tus preocupaciones. Cada uno/a de ustedes tiene una hoja distinta con la información necesaria para completar la actividad.

> **modelo**
> **Estudiante 1:** Me molesta que las personas tiren basura en las calles.
> **Estudiante 2:** Por eso es muy importante que los políticos hagan leyes para conservar las ciudades limpias.

Dile a tu compañero/a cada una de tus preocupaciones utilizando los siguientes dibujos. Utiliza también las palabras de la lista.

a    b    c

d    e    f

Vocabulario útil

es una lástima	es triste	ojalá (que)
es ridículo	esperar	temer
es terrible	molestar	tener miedo (de)

Ahora, con tu compañero/a escriban cuatro frases originales, basadas en la actividad, utilizando el subjuntivo.

1. _____

2. _____

3. _____

4. _____

10 ESTUDIANTE 2

No te preocupes Estás muy preocupado/a por los problemas del medio ambiente y le comentas a tu compañero/a todas tus preocupaciones. Él/ella va a darte la solución adecuada a tus preocupaciones. Cada uno/a de ustedes tiene una hoja distinta con la información necesaria para completar la actividad.

modelo

> **Estudiante 1:** Me molesta que las personas tiren basura en las calles.
> **Estudiante 2:** Por eso es muy importante que los políticos hagan leyes para conservar las ciudades limpias.

Dale a tu compañero/a la solución a cada una de sus preocupaciones utilizando los siguientes dibujos. Tienes que identificar la mejor solución para cada una de sus preocupaciones. Utiliza también las palabras de la lista.

a  b  c

d  e  f

Vocabulario útil

Es bueno que…   Es mejor que…   Es urgente que…
Es importante que… Es necesario que…

Ahora, con tu compañero/a escriban cuatro frases originales, basadas en la actividad, utilizando el subjuntivo.

1. _____

2. _____

3. _____

4. _____

1.2 The subjunctive with doubt, disbelief, and denial

1 **No es probable** Complete the sentences with the subjunctive of the verbs in parentheses.

1. No es verdad que Luis _____ (ser) un mal científico.

2. Es probable que Carla y yo _____ (hacer) ecoturismo en el bosque nacional.

3. Lina no está segura de que el guía _____ (saber) dónde estamos.

4. No es seguro que Martín _____ (llegar) antes del viernes.

5. Es posible que Daniel y Nico _____ (venir) a visitarnos hoy.

6. No es probable que la agencia les _____ (pagar) mal a sus empleados.

2 **Es posible que pase** A group of hikers are asking their guide about the environment, but he isn't always sure what to tell them. Answer their questions, using the words in parentheses.

> **modelo**
>
> ¿Hay mucha contaminación en las ciudades? (probable)
> Es probable que haya mucha contaminación en las ciudades.

1. ¿Hay muchas vacas en los campos de la región? (probable)

_____

2. ¿El agua de esos ríos está contaminada? (posible)

_____

3. ¿Ese sendero nos lleva al lago? (quizás)

_____

4. ¿Protege el gobierno todos los peces del océano? (imposible)

_____

5. ¿La población reduce el uso de envases de plástico? (improbable)

_____

6. ¿El desierto es un lugar mejor para visitar en invierno? (tal vez)

_____

3 **¿Estás seguro?** Complete the sentences with the indicative or subjunctive form of the verbs in parentheses.

1. No dudo que Manuel _____ (ser) la mejor persona para hacer el trabajo.

2. El conductor no niega que _____ (tener) poca experiencia por estas carreteras.

3. Ricardo duda que Mirella _____ (decir) siempre toda la verdad.

4. Sé que es verdad que nosotros _____ (deber) cuidar el medio ambiente.

5. Lina no está segura de que sus amigos _____ (poder) venir a la fiesta.

6. Claudia y Julio niegan que tú _____ (querer) mudarte a otro barrio.

7. No es probable que ella _____ (buscar) un trabajo de secretaria.

4 **¿Es o no es?** Choose the correct phrase in parentheses to rewrite each sentence, based on the verb.

1. (Estoy seguro, No estoy seguro) de que a Mónica le gusten los perros.

_____

2. (Es verdad, No es verdad) que Ramón duerme muchas horas todos los días.

_____

3. Rita y Rosa (niegan, no niegan) que gaste mucho cuando voy de compras.

_____

4. (No cabe duda de, Dudas) que el aire que respiramos está contaminado.

_____

5. (No es cierto, Es obvio) que a Martín y a Viviana les encanta viajar.

_____

6. (Es probable, No hay duda de) que tengamos que reciclar todos los envases.

_____

5 **Desacuerdos** Sometimes people contradict you. Write their responses to your statements, using the words in parentheses. Use the indicative or subjunctive form as appropriate.

1. Las matemáticas son muy difíciles. (no es cierto)

_____

2. El problema del cambio climático es bastante complicado. (el presidente no niega)

_____

3. Él va a terminar el trabajo a tiempo. (Ana duda)

_____

4. Esa película es excelente. (mis amigos están seguros de)

_____

5. El español se usa más y más cada día. (no cabe duda de)

_____

6. Lourdes y yo podemos ayudarte esta tarde. (no es seguro)

_____

7. Marcos escribe muy bien en francés. (el maestro no cree)

_____

8. Pedro y Virginia nunca comen carne. (no es verdad)

_____

Lección 1 Estructura Activities

6 **Identificar** Listen to each sentence and decide whether you hear a verb in the indicative or the subjunctive in the subordinate clause. Mark an **X** in the appropriate column.

> *modelo*
> *You hear:* Creo que Nicolás va de excursión.
> *You mark:* an **X** under *indicative* because you heard **va**.

	indicative	subjunctive
Modelo	X	
1.		
2.		
3.		
4.		
5.		
6.		
7.		

7 **Cambiar** Change each sentence you hear to the negative. Repeat the correct answer after the speaker. (*7 items*)

> *modelo*
> Dudo que haga frío en Bogotá.
> No dudo que hace frío en Bogotá.

8

ESTUDIANTE 1

El medio ambiente Tu compañero/a y tú son ambientalistas (*environmentalists*) y van a escribir una carta al/a la dueño/a de una empresa que contamina. Primero escribe las frases en la forma correcta, luego compártelas con tu compañero/a para organizarlas por pares.

1. es cierto / nuestra organización / estudiar la ecología de la zona

_____

2. no creemos / el río Santa Rosa / estar limpio

_____

3. no cabe duda de / su empresa / contaminar también el aire

_____

4. es probable / muchos animales y plantas / morir por la contaminación

_____

5. en cuanto / empezar a cuidar la naturaleza…

_____

Con tus frases y las de tu compañero/a, escriban la carta al/a la empresario/a. Añadan detalles o frases donde sean necesarios, para que su carta sea lógica y cortés (*polite*).

_____
(día/mes/año)

Sr(a). _____:

_____

_____

_____

_____

_____

_____

_____

_____

_____

_____

Atentamente,

_____ y _____

Lección 1

Communication Activities

 ESTUDIANTE 2

ESTUDIANTE 2

El medio ambiente Tu compañero/a y tú son ambientalistas (*environmentalists*) y van a escribir una carta al/a la dueño/a de una empresa que contamina. Primero escribe las frases en la forma correcta, luego compártelas con tu compañero/a para organizarlas por pares.

1. creer / haber muchas formas de reducir las emisiones de gas

_____

2. nosotros podemos enviarle información para / ayudar al medio ambiente

_____

3. estar seguro de / ir a aumentar (*increase*) sus ventas (*sales*)

_____

4. es posible / su empresa poder manejar el desecho (*waste*) líquido de otra forma

_____

5. a menos / su empresa / proteger las especies del área...

_____

Con tus frases y las de tu compañero/a, escriban la carta al/a la empresario/a. Añadan detalles o frases donde sean necesarios, para que su carta sea lógica y cortés (*polite*).

_____
(día/mes/año)

Sr(a). _____ :

_____

_____

_____

_____

_____

_____

_____

_____

_____

Atentamente,

_____ y _____

1.3 The subjunctive with conjunctions

1 **Las conjunciones** Complete the sentences with the subjunctive form of the verbs in parentheses.

1. Lucas debe terminar el trabajo antes de que su jefe (*boss*) _____ (llegar).

2. ¿Qué tenemos que hacer en caso de que _____ (haber) una emergencia?

3. Ellos van a pintar su casa con tal de que (tú) los _____ (ayudar).

4. No puedo ir al museo a menos que Juan _____ (venir) por mí.

5. Alejandro siempre va a casa de Carmen sin que ella lo _____ (invitar).

6. Tu madre te va a prestar dinero para que te _____ (comprar) un coche usado.

7. No quiero que ustedes se vayan sin que tu esposo _____ (ver) mi computadora nueva.

8. Pilar no puede irse de vacaciones a menos que (ellos) le _____ (dar) más dinero.

9. Andrés va a llegar antes de que Rocío y yo _____ (leer) el correo electrónico.

10. Miguel lo va a hacer con tal de que tú se lo _____ (sugerir).

2 **¿Hasta cuándo?** Your gossipy coworker is always in everyone else's business. Answer his questions in complete sentences, using the words in parentheses.

1. ¿Hasta cuándo vas a ponerte ese abrigo? (hasta que / el jefe / decirme algo)

_____

2. ¿Cuándo va Rubén a buscar a Marta? (tan pronto como / salir de clase)

_____

3. ¿Cuándo se van de viaje Juan y Susana? (en cuanto / tener vacaciones)

_____

4. ¿Cuándo van ellos a invitarnos a su casa? (después de que / nosotros / invitarlos)

_____

5. ¿Hasta cuándo va a trabajar aquí Ramón? (hasta que / su esposa / graduarse)

_____

6. ¿Cuándo puede mi hermana pasar por tu casa? (cuando / querer)

_____

7. ¿Hasta cuándo vas a tomar las pastillas? (hasta que / yo / sentirme mejor)

_____

8. ¿Cuándo va Julia a reciclar estos envases? (tan pronto como / regresar)

_____

Lección 1 Estructura Activities **17**

3 **Siempre llegas tarde** Complete this conversation, using the subjunctive and the indicative as appropriate.

MARIO Hola, Lilia. Ven a buscarme en cuanto (yo) (1) _____ (salir) de clase.

LILIA Voy a buscarte tan pronto como la clase (2) _____ (terminar), pero no

quiero esperar como ayer.

MARIO Ayer cuando iba a salir, (yo) me (3) _____ (encontrar) con mi profesora

de química y hablé con ella del examen.

LILIA No quiero esperarte otra vez hasta que (4) _____ (ser) demasiado tarde

para almorzar.

MARIO Hoy voy a estar esperándote en cuanto (tú) (5) _____ (llegar) a buscarme.

LILIA Después de que (yo) te (6) _____ (recoger), podemos ir a comer

a la cafetería.

MARIO En cuanto (tú) (7) _____ (entrar) en el estacionamiento, me vas a

ver allí, esperándote.

LILIA No lo voy a creer hasta que (yo) lo (8) _____ (ver).

MARIO Recuerda que cuando (yo) te (9) _____ (ir) a buscar al laboratorio la

semana pasada, te tuve que esperar media hora.

LILIA Tienes razón. ¡Pero llega allí tan pronto como (tú) (10) _____ (poder)!

Síntesis

Write an opinion article about oil spills (**los derrames de petróleo**) and their impact on the environment. Use the subjunctive with verbs and expressions of emotion, doubt, disbelief, and denial, and use the indicative with expressions of certainty that you learned in this lesson to describe your own and other people's opinions about the effects of oil spills on the environment.

_____

_____

_____

_____

_____

_____

_____

4 **¿Lógico o ilógico?** You will hear some sentences. Decide if they are **lógico** or **ilógico**.

1. Lógico   Ilógico   4. Lógico   Ilógico
2. Lógico   Ilógico   5. Lógico   Ilógico
3. Lógico   Ilógico   6. Lógico   Ilógico

5 **A la entrada del parque** Listen to the park ranger's instructions. Then number the drawings in the correct order.

a. _____

b. _____

c. _____

d. _____

6 **Identificar** Listen to each sentence and mark an **X** in the appropriate column to indicate whether the subordinate clause expresses a future action, a habitual action, or a past action.

> **modelo**
>
> *You hear:* Voy a ir a caminar por el sendero tan pronto como llegues a casa.
> *You mark:* an **X** under *future action*.

	future action	habitual action	past action
Modelo	X		
1.			
2.			
3.			
4.			
5.			
6.			

Audio Activities

Escritura

Estrategia
Considering audience and purpose

Writing always has a specific purpose. During the planning stages, a writer must determine to whom he or she is directing the piece, and what he or she wants to express to the reader. Once you have defined both your audience and your purpose, you will be able to decide which genre, vocabulary, and grammatical structures will best serve your literary composition.

Let's say you want to share your thoughts on local traffic problems. Your audience can be either the local government or the community. You could choose to write a newspaper article, a letter to the editor, or a letter to the city's governing board. But first you should ask yourself these questions.

1. Are you going to comment on traffic problems in general, or are you going to point out several specific problems?

2. Are you simply intending to register a complaint?

3. Are you simply intending to inform others and increase public awareness of the problems?

4. Are you hoping to persuade others to adopt your point of view?

5. Are you hoping to inspire others to take concrete actions?

The answers to these questions will help you establish the purpose of your writing and determine your audience. Of course, your writing can have more than one purpose. For example, you may intend for your writing both to inform others of a position and inspire them to take action.

Tema
Escribir una carta o un artículo

Antes de escribir

1. Escoge uno de estos temas. Lee las tres descripciones y elige la que quieres elaborar en la forma de una carta a un(a) amigo/a, una carta a un periódico o un artículo para un periódico o una revista.

   ▶ Escribe sobre los programas que existen para proteger la naturaleza en tu comunidad. ¿Funcionan bien? ¿Participan todos los vecinos de tu comunidad en los programas? ¿Tienes dudas sobre el futuro del medio ambiente en tu comunidad?

   ▶ Describe uno de los atractivos naturales de tu región. ¿Te sientes optimista sobre el futuro de tu región? ¿Qué están haciendo el gobierno y los ciudadanos de tu región para proteger la naturaleza? ¿Es necesario hacer más?

   ▶ Escribe sobre algún programa para proteger el medio ambiente a nivel (level) nacional. ¿Es un programa del gobierno o de una empresa (business) privada? ¿Cómo funciona? ¿Quiénes participan? ¿Tienes dudas sobre el programa? ¿Crees que debe cambiarse o mejorarse? ¿Cómo?

2. Una vez que hayas elegido (you have chosen) el tema, analízalo usando el recuadro en la página 166. ¿Cómo influyen tu propósito (purpose) y tus lectores en la decisión del tipo de composición que escribes: una carta personal, una carta a un periódico o un artículo para un periódico o una revista?

Tema:	
Propósito Marca todas las frases que describen tu propósito. _____ informar a los lectores _____ quejarse (*to complain*) _____ expresar tus sentimientos _____ examinar varios problemas o situaciones _____ persuadir a los lectores _____ examinar un solo problema o situación _____ inspirar a los lectores	**Lectores** Marca todas las frases que describen a tus lectores. _____ un(a) amigo/a (¿cómo es?) _____ los lectores de un periódico (¿cuál?) _____ los lectores de una revista (¿cuál?)
Describe tu propósito aquí.	Describe a tus lectores aquí.
Detalles sobre el tema que apoyan (*support*) **tu propósito:**	**Palabras y expresiones para comunicarse con estos lectores:**

3. Después de completar el recuadro e identificar el propósito y los lectores, decide qué tipo de composición vas a escribir.

Escribir

1. Usa la información del recuadro para escribir una carta o un artículo, según lo que decidiste anteriormente.

2. No olvides de incluir toda la información indicada en la descripción del tema que elegiste.

3. No olvides de usar formas del subjuntivo para persuadir, inspirar y expresar deseo, emoción o duda.

Después de escribir

1. Intercambia tu borrador con un(a) compañero/a de clase. Coméntalo y contesta estas preguntas.

   ▶ ¿Identificó tu compañero/a un propósito y un grupo de lectores específicos?

   ▶ ¿Muestra su composición claramente el propósito por el que la escribió?

   ▶ ¿Está su composición dirigida a un tipo específico de lector?

   ▶ ¿Incluyó él/ella toda la información indicada en la descripción del tema?

   ▶ ¿Usó él/ella formas del subjuntivo para expresar deseo, emoción y duda?

   ▶ ¿Qué detalles añadirías (*would you add*)? ¿Cuáles quitarías (*would you delete*)? ¿Qué otros comentarios tienes para tu compañero/a?

2. Revisa tu narración según los comentarios de tu compañero/a. Después de escribir la versión final, léela otra vez para eliminar errores de:

   ▶ ortografía y puntuación

   ▶ uso de letras mayúsculas y minúsculas

   ▶ concordancia entre sustantivos y adjetivos

   ▶ uso de verbos en el presente de indicativo

   ▶ uso de formas del subjuntivo con expresiones de deseo, emoción y duda

Naturaleza en Costa Rica

Antes de ver el video

1 **Más vocabulario** Look over these useful words before you watch the video.

Vocabulario útil		
el balneario *spa*	las faldas *foot (of a*	el piso *ground*
el Cinturón de Fuego	*mountain or volcano)*	la profundidad *depth*
Ring of Fire	lanzar *to throw*	refrescarse *to refresh oneself*
cuidadoso/a *careful*	mantenerse fuera *to keep outside*	el rugido *roar*
derramado/a *spilled*	el milagro *miracle*	el ruido *noise*

2 **Los volcanes** Complete this paragraph about volcanoes in Central America using words from the list above.

Los países centroamericanos crearon "La Ruta Colonial y de los volcanes" para atraer turismo cultural y ecológico a esta región. El recorrido (*tour*) de los volcanes es el itinerario favorito de los visitantes, ya que éstos pueden escuchar los (1)_____ volcánicos y sentir el (2)_____ vibrando cuando caminan cerca. Es posible caminar por las (3)_____ de los volcanes que no están activos y observar la lava (4)_____ en antiguas erupciones. ¡Centroamérica es un (5)_____ de la naturaleza!

3 **¡En español!** Look at the video still. Imagine what Alberto will say about volcanoes and hot springs in Costa Rica, and write a two- or three-sentence introduction to this episode.

Alberto Cuadra, Costa Rica

¡Bienvenidos a Costa Rica! Hoy vamos a visitar… _____

_____

_____

_____

_____

Mientras ves el video

4 **¿Qué ves?** Identify the items you see in the video.

___ 1. cuatro monos (*monkeys*)   ___ 5. el mar

___ 2. las montañas   ___ 6. dos vacas

___ 3. un volcán   ___ 7. las aguas termales

___ 4. un lago contaminado   ___ 8. un centro de reciclaje

5 · Completar Complete this conversation between Alberto and the guide.

ALBERTO ¿Qué tan activo es el (1)_____ Arenal?

GUÍA El volcán Arenal se encuentra dentro de los volcanes más (2)_____ en el mundo. Se pueden observar las (3)_____ incandescentes, sobre todo en la noche... y en este momento, el sonido que (4)_____ es efecto de la actividad activa del volcán.

ALBERTO ¿Por qué es que el volcán produce ese sonido?

GUÍA Bueno, es el efecto de las erupciones; la combinación también del aire, del (5)_____; cuando la (6)_____ sale y tiene el contacto con la parte externa.

Después de ver el video

6 · Ordenar Put Alberto's actions in the correct order.

_____ a. Se cubrió con una toalla porque tenía frío.

_____ b. Caminó hasta el Parque Nacional Volcán Arenal.

_____ c. Vio caer las rocas incandescentes desde la ventana de su hotel.

_____ d. Cuando sintió que se movía el piso, tuvo miedo y salió corriendo.

_____ e. Se bañó en las aguas termales de origen volcánico.

_____ f. Conversó sobre el volcán con el guía.

7 · ¡Defendamos el volcán! Imagine that you are a forest ranger at the **volcán Arenal** park and you just learned that a highly-polluting company plans to move its plant near the park. Write a conversation between you and your colleagues at work in which you try to convince them to take action to prevent it.

_____

_____

_____

_____

8 · Ecoturismo Alberto says that ecotourism represents the fastest growing subsector of the tourist industry. Identify the positive and negative aspects of ecotourism and then write a brief paragraph about it. You may use examples from the video.

Aspectos positivos	Aspectos negativos

_____

_____

_____

_____

_____

_____

_____

Panorama

Colombia

1 **¿Cierto o falso?** Indicate whether each statement is **cierto** or **falso**. Then correct the false statements.

1. Más de la mitad de la superficie de Colombia está sin poblar.

_____

2. La moneda de Colombia es el dólar estadounidense.

_____

3. El Museo del Oro preserva orfebrería de la época de los españoles.

_____

4. El evento más importante del Carnaval de Barranquilla es la Batalla de las Flores.

_____

5. El Castillo de San Felipe de Barajas es la fortaleza más grande de las Américas.

_____

6. Medellín se conoce por el Festival Internacional de Música y el Festival Internacional de Cine.

_____

2 **Consejos** Give advice to a friend who is going to visit Colombia by completing these sentences with the subjunctive of the verb in parentheses and information from **Panorama**.

1. Es importante que _____ (cambiar) los dólares a _____.

2. Ojalá que _____ (conducir) desde _____, la capital, hasta Cartagena.

3. En Cartagena, espero que _____ (nadar) en las playas del mar _____.

4. En Cartagena, también es posible que _____ (ver) edificios antiguos como _____ y _____.

5. Cuando _____ (volver) a Bogotá, vas a ver una parte de la cordillera de _____.

6. Te recomiendo que _____ (visitar) el Museo del Oro en Bogotá para ver las piezas de _____.

7. Me alegro de que _____ (conocer) las esculturas de Fernando _____.

8. Espero que _____ (leer) algún libro de Gabriel _____.

3 **Ciudades colombianas** Label each picture.

1. _____   2. _____

3. _____   4. _____

4 **Preguntas sobre Colombia** Answer the questions about Colombia with complete sentences.

1. ¿Cómo se compara el área de Colombia con el área de Montana?

_____

2. ¿Qué país conecta a Colombia con Centroamérica?

_____

3. Menciona a dos artistas colombianos que conozcas.

_____

4. ¿Qué creencia tenían las tribus indígenas sobre el oro?

_____

5. ¿Cuál es el libro más conocido de Gabriel García Márquez?

_____

6. ¿De qué época son las iglesias, monasterios, palacios y mansiones que se conservan en Cartagena?

_____

Panorama: Colombia

Antes de ver el video

1 **Más vocabulario** Look over these useful words and expressions before you watch the video.

Vocabulario útil	
alrededores *surrounding area*	**delfín** *dolphin*
belleza natural *natural beauty*	**desfile** *parade*
campesinos *country/rural people*	**disfrutar (de)** *enjoy*
carroza *float*	**feria** *fair; festival*
cordillera *mountain range*	**fiesta** *festival*
costas *coasts*	**orquídea** *orchid*

Mientras ves el video

2 **Preguntas** Answer the questions about these video stills. Use complete sentences.

¿Cómo se llama esta celebración?

1. _____

_____

_____

¿Dónde vive este animal? ¿Qué es?

2. _____

_____

_____

Después de ver el video

Video Activities: Panorama cultural

3 Emparejar Find the items in the second column that correspond to the ones in the first.

_____ 1. El grano colombiano que se exporta mucho. a. el café
_____ 2. el Carnaval de Barranquilla b. Río Amazonas
_____ 3. En Colombia crecen muchas. c. un desfile de carrozas decoradas
_____ 4. Aquí vive el delfín rosado. d. orquídeas
_____ 5. desfile de los silleteros e. Feria de las Flores
_____ 6. Aquí vive el cóndor. f. Nevado del Huila

4 Completar Complete the sentences with words from the list.

| Amazonas | carrozas | el cóndor | flor |
| campesinos | celebra | encuentra | reserva |

1. En el Parque de Orquídeas hay más de tres mil especies de esta _____.
2. En los alrededores del Parque Nevado del Huila vive _____.
3. El río _____ está al sur de Colombia.
4. El Parque Amaracayu es una _____ natural.
5. Los _____ participan en el desfile de los silleteros.
6. El domingo de carnaval se hace un desfile con _____ decoradas.

5 Responder Answer these questions in Spanish. Use complete sentences.

1. ¿Qué es lo primero que piensas cuando oyes la palabra "carnaval"?

2. ¿Cuál crees que es el carnaval más famoso del mundo? ¿Por qué?

3. ¿Cuál es el carnaval más famoso de tu país? ¿Cómo se celebra?

Contextos

1 **El dinero** Complete the sentences with the correct banking-related words.

1. Necesito sacar dinero en efectivo. Voy al _____.

2. Quiero ahorrar para comprar una casa. Pongo el dinero en una _____.

3. Voy a pagar, pero no tengo efectivo ni tarjeta de crédito. Puedo usar un _____.

4. Cuando uso un cheque, el dinero sale de mi _____.

5. Para cobrar un cheque a mi nombre, lo tengo que _____ por detrás.

6. Para ahorrar, pienso _____ $200 en mi cuenta de ahorros todos los meses.

2 **¿Qué clase (kind) de tienda es ésta?** You are running errands, and you can't find the things you're looking for. Fill in the blanks with the names of the places you go.

1. ¿No tienen manzanas? ¿Qué clase de _____ es ésta?

2. ¿No tienen una chuleta de cerdo? ¿Qué clase de _____ es ésta?

3. ¿No tienen detergente? ¿Qué clase de _____ es ésta?

4. ¿No tienen dinero? ¿Qué clase de _____ es éste?

5. ¿No tienen diamantes (diamonds)? ¿Qué clase de _____ es ésta?

6. ¿No tienen estampillas? ¿Qué clase de _____ es éste?

7. ¿No tienen botas? ¿Qué clase de _____ es ésta?

8. ¿No tienen aceite vegetal? ¿Qué clase de _____ es éste?

3 **¿Cómo pagas?** Fill in the blank with the most likely form of payment for each item.

| a plazos | con un préstamo |
| al contado | gratis |

1. un refrigerador _____   6. un vaso de agua _____

2. una camisa _____   7. una hamburguesa _____

3. un coche nuevo _____   8. una cámara digital _____

4. las servilletas en un restaurante _____   9. la universidad _____

5. una computadora _____   10. unos sellos _____

4 **Tu empresa** Fill in the blanks with the type of store each slogan would promote.

1. "Compre aquí para toda la semana y ahorre en alimentos para toda la familia".

_____

2. "Deliciosos filetes de salmón en oferta especial". _____

3. "Recién (*Just*) salido del horno".

_____

4. "Naranjas y manzanas a dos dólares el kilo".

_____

5. "Tráiganos su ropa más fina. ¡Va a quedar como nueva!". _____

6. "51 sabrosas variedades para el calor del verano". _____

7. "¡Reserva el pastel de cumpleaños de tu hijo hoy!". _____

8. "Un diamante es para siempre".

_____

9. "Salchichas, jamón y chuletas de cerdo".

_____

10. "Arréglese las uñas y péinese hoy por un precio económico". _____

5 **¿Cómo llego?** Identify the final destination for each set of directions.

1. De la Plaza Sucre, camine derecho en dirección oeste por la calle Comercio. Doble a la derecha en la calle La Paz hasta la calle Escalona. Doble a la izquierda y al final de la calle va a verlo.

_____

2. Del banco, camine en dirección este por la calle Escalona. Cuando llegue a la calle Sucre, doble a la derecha. Siga dos cuadras hasta la calle Comercio. Doble a la izquierda. El lugar queda al cruzar la calle Bella Vista.

_____

3. Del estacionamiento de la calle Bella Vista, camine derecho por la calle Sta. Rosalía hasta la calle Bolívar. Cruce la calle Bolívar y a la derecha, en esa cuadra, la va a encontrar.

_____

4. De la joyería, camine por la calle Comercio hasta la calle Bolívar. Doble a la derecha y cruce la calle Sta. Rosalía y la calle Escalona. Siga hasta la calle 2 de Mayo. Cruce la calle Bolívar. Al norte, en esa esquina, la va a ver.

_____

El Hatillo

Plaza Bolívar — Farmacia — Joyería
Plaza Sucre — Iglesia — Zapatería
Banco — Terminal — Café Primave...
Casa de la Cultura — Escuela — Estacionamie...

Lección 2 Contextos Activities

6 **¿Lógico o ilógico?** You will hear some questions and the responses. Decide if they are **lógico** or **ilógico**.

1. Lógico   Ilógico   3. Lógico   Ilógico   5. Lógico   Ilógico   7. Lógico   Ilógico
2. Lógico   Ilógico   4. Lógico   Ilógico   6. Lógico   Ilógico   8. Lógico   Ilógico

7 **Hacer diligencias** Look at the drawing and listen to Sofía's description of her day. During each pause, write the name of the place she went. The first one has been done for you.

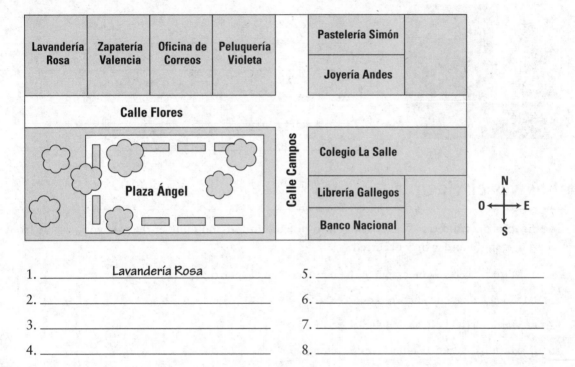

1. _____Lavandería Rosa_____   5. _____

2. _____   6. _____

3. _____   7. _____

4. _____   8. _____

8 **Preguntas** Look once again at the drawing in activity 2 and answer each question you hear with the correct information. Repeat the correct response after the speaker. (*5 items*)

> modelo
>
> La joyería está al norte de la plaza, ¿verdad?
> No, la joyería está al este de la plaza.

9 **Perdidos en el centro** Listen to Carlos and Victoria's conversation and answer the questions.

1. ¿Qué buscan Carlos y Victoria? _____

2. ¿Quién les indica cómo llegar? _____

3. ¿Qué deben hacer en el semáforo? _____

4. ¿A cuántas cuadras del semáforo está el lugar? _____

Corriendo por la ciudad

Antes de ver el video

1 **En la calle** In this episode, Maru needs to deliver a package but she experiences some problems. What do you think they might be?

_____

_____

_____

_____

_____

_____

_____

Mientras ves el video

2 **Secuencia de hechos** Watch **Corriendo por la ciudad** and number the following events from one to five, in the order they occurred.

_____ a. Maru le dice a Mónica que hay una joyería en el centro.

_____ b. Mónica dice que el correo está cerca.

_____ c. Maru busca el coche de Miguel.

_____ d. Maru habla por teléfono con su mamá.

_____ e. Maru cree que perdió el paquete.

3 **Completar** Fill in the blanks in the following sentences.

1. Voy a pasar al _____ porque necesito dinero.

2. ¿Puedes _____ por correo?

3. Estoy haciendo _____ y me gasté casi todo el efectivo.

4. Mi coche está en el _____ de la calle Constitución.

5. En esta esquina _____ a la derecha.

4 **¿Quién lo dijo?** Write the names of the people who said the following sentences.

_____ 1. Dobla a la avenida Hidalgo. Luego cruza la calle Independencia y dobla a la derecha.

_____ 2. Lo siento, tengo que ir a entregar un paquete.

_____ 3. Necesito ir a una joyería, pero la que está aquí al lado está cerrada.

_____ 4. Tengo que llegar al Museo de Antropología antes de que lo cierren.

_____ 5. Hay demasiado tráfico.

Después de ver el video

5   **Seleccionar**   Write the letter of the word or words that complete each sentence.

1. Maru le dice a Miguel que está enfrente ____.

    a. del salón de belleza   b. de la panadería   c. de la joyería

2. Maru decide irse en taxi al ____.

    a. banco   b. correo   c. museo

3. Maru le ____ a Mónica porque no tiene efectivo.

    a. paga a plazos   b. pide dinero prestado   c. paga al contado

4. Mónica gastó el efectivo en la carnicería, la frutería y ____.

    a. el supermercado   b. el salón de belleza   c. la panadería

5. ____ de Maru estaba en el coche de Miguel.

    a. El paquete   b. El efectivo   c. La bolsa

6. Mónica ____ a la izquierda en el semáforo.

    a. hizo cola   b. dobló   c. cruzó

6   **Escribir**   Write a summary of today's events from Maru's point of view.

_____

_____

_____

_____

_____

_____

_____

7   **Las diligencias**   Write a paragraph describing some of the errands you or a family member ran last week. What did they involve, and what places in your community did you visit?

_____

_____

_____

_____

_____

_____

_____

_____

Pronunciación

m and n

The letter **m** is pronounced like the *m* in the English word *made*.

mamá   **m**arzo   **m**andar   **m**esa

The letter **n** is pronounced like the *n* in the English word *none*.

Norte   **n**adie   **n**unca   **n**ieto

When **n** is followed by the letter **v**, the **n** is pronounced like the Spanish **m**.

e**nv**iar   i**nv**ierno   i**nv**itado   co**n V**íctor

1 **Práctica** Repeat each word or phrase after the speaker to practice pronouncing **m** and **n**.

1. imposible	5. número	9. enamorado	13. matrimonio
2. mañana	6. invitar	10. monumento	14. confirmar
3. mano	7. moreno	11. empleado	15. con Víctor
4. manejar	8. envase	12. encima	16. ningún

2 **Oraciones** When you hear each number, read the corresponding sentence aloud. Then listen to the speaker and repeat the sentence.

1. A mí no me gustan nada los mariscos.

2. En el mercado compro naranjas, melocotones y manzanas.

3. Mañana invito a Mario Martín a cenar conmigo.

4. Mario es el mejor mecánico de motocicletas del mundo.

5. También le importa mucho la conservación del medio ambiente.

6. Siempre envía los envases de aluminio al centro de reciclaje en Valencia.

3 **Refranes** Repeat each saying after the speaker to practice pronouncing **m** and **n**.

1. Más vale poco y bueno que mucho y malo. [1]

2. Mala hierba nunca muere. [2]

4 **Dictado** You will hear a paragraph. Listen carefully and write what you hear during the pauses. The entire paragraph will then be repeated so that you can check your work.

_____

_____

_____

_____

_____

_____

[1] *Quality is more important than quantity.*

[2] *Like a bad penny, it just keeps turning up. (lit. Bad grass never dies.)*

Estructura

2.1 The subjunctive in adjective clauses

1 **El futuro de las computadoras** Complete the paragraph with the subjunctive of the verbs in parentheses.

¿Alguna vez ha pensado en una computadora del tamaño de un celular que (1) _____ (tener) una imagen virtual que usted (2) _____ (poder) manipular? En nuestra compañía queremos desarrollar un programa que (3) _____ (mostrar) el contenido de una computadora en forma de holograma 3D sobre cualquier superficie (*surface*). Y que (4) _____ (funcionar) ¡sin necesidad de gafas especiales! Para desarrollar esta tecnología, se necesita una combinación de electrónica, óptica y un programa que (5) _____ (servir) para convertir una imagen de 2D en 3D. Es posible, por ejemplo, que se (6) _____ (usar) estas computadoras de manera cotidiana y que en el futuro (7) _____ (ser) normales los mensajes con las imágenes y la voz de la persona que los grabó, ¡justo como en la *Guerra de las Galaxias* (*Star Wars*)! Probablemente esta tecnología sea tan común que todos (nosotros) la (8) _____ (encontrar) en cualquier lugar de la ciudad.

2 **Verbos** Complete the sentences with the indicative or the subjunctive of the verbs in parentheses.

(ser)

1. Inés quiere comprar una falda que _____ larga y elegante.

2. A María le gusta la falda que _____ verde y negra.

(estar)

3. Nunca estuvieron en el hotel que _____ al lado del aeropuerto.

4. No conocemos ningún hotel que _____ cerca de su casa.

(quedar)

5. Hay un banco en el edificio que _____ en la esquina.

6. Deben poner un banco en un edificio que _____ más cerca.

(tener)

7. Silvia quiere un apartamento que _____ balcón y piscina.

8. Ayer ellos vieron un apartamento que _____ tres baños.

(ir)

9. Hay muchas personas que _____ a Venezuela de vacaciones.

10. Raúl no conoce a nadie que _____ a Venezuela este verano.

3 **Fotonovela** Rewrite the sentences to make them negative, using the subjuntive where appropriate.

> **modelo**
>
> Maru conoce a un chico que estudia medicina.
> Maru *no conoce a ningún chico que estudie medicina.*

1. Los padres de Miguel cuidan a un perro que protege su casa.

_____

2. Juan Carlos tiene un pariente que escribe poemas.

_____

3. Los Díaz usan coches que son baratos.

_____

4. Don Diego trabaja con unas personas que conocen a su padre.

_____

5. Jimena hace un plato mexicano que es delicioso.

_____

4 **Paseando en Caracas** Answer these questions affirmatively or negatively, as indicated. Use the subjunctive where appropriate.

1. ¿Hay algún buzón que esté en la Plaza Bolívar?

Sí, _____.

2. ¿Conoces a alguien que sea abogado de inmigración?

No, _____.

3. ¿Ves a alguien aquí que estudie contigo en la escuela?

Sí, _____.

4. ¿Hay alguna panadería que venda pan caliente (*hot*) cerca de aquí?

No, _____.

5. ¿Tienes alguna compañera que vaya a ese gimnasio?

Sí, _____.

6. ¿Conoces a alguien que sea cartero?

No, _____.

5 **Une las frases** Complete the sentences with the most logical endings from the word bank. Use the indicative or subjunctive forms of the verbs as appropriate.

abrir hasta las doce de la noche	gustarle mucho	siempre decirnos la verdad
no manejar en carretera	ser cómoda y barata	tener muchos museos

1. Rolando tiene un auto que _____.

2. Todos buscamos amigos que _____.

3. Irene y José viven en una ciudad que _____.

4. ¿Hay una farmacia que _____?

Lección 2

6   **Identificar**   Listen to each statement or question. If it refers to a person, place, or thing that clearly exists or is known, mark an **X** in the **Sí** row. If it refers to a person, place, or thing that either does not exist or whose existence is uncertain, mark an **X** in the **No** row.

> **modelo**
>
> *You hear:* Buscamos un hotel que tenga piscina.
> *You mark:* an **X** in the **No** row because the existence of the hotel is uncertain.

	Modelo	1.	2.	3.	4.	5.	6.
Sí	_____	_____	_____	_____	_____	_____	_____
No	X	_____	_____	_____	_____	_____	_____

7   **Escoger**   You will hear some sentences with a beep in place of the verb. Decide which verb best completes each sentence and circle it.

> **modelo**
>
> *You hear:* Tengo una cuenta corriente que (*beep*) gratis. —es —sea
> *You circle:* (es) because the existence of the **cuenta corriente** is not in doubt.

1. tiene   tenga   2. vende   venda   3. vende   venda   4. hacen   hagan

8   **Cambiar**   Change each sentence you hear into the negative. Repeat the correct answer after the speaker. (*6 items*)

> **modelo**
>
> Hay un restaurante aquí que sirve comida venezolana.
> No hay ningún restaurante aquí que sirva comida venezolana.

9   **Buscando amistad**   Read the ads for pen pals. Then listen to the four recorded personal ads. Write the name of the person whose written ad best suits each recorded personal ad.

Nombre: Gustavo Carrasquillo
Dirección: Casilla 204, La Paz, Bolivia
Edad: 20 años
Pasatiempos: Ver películas en inglés, leer revistas de política, escalar montañas, esquiar y hacer amistad con jóvenes de todo el mundo. Me pueden escribir en inglés o alemán.

Nombre: Claudia Morales
Dirección: Calle 4–14, Guatemala, Guatemala
Edad: 18 años
Pasatiempos: Ir a conciertos de rock, escuchar la radio, ver películas extranjeras, mandar y recibir correo electrónico.

Nombre: Alicia Duque
Dirección: Avenida Gran Capitán 26, Córdoba, España
Edad: 18 años
Pasatiempos: Ir al cine y a fiestas, bailar, hablar por teléfono y escribir canciones de amor. Pueden escribirme en francés.

Nombre: Antonio Ávila
Dirección: Apartado Postal 3007, Panamá, Panamá
Edad: 21 años

Pasatiempos: Entre mis pasatiempos están escribir cartas a amigos de todas partes del mundo, escuchar la radio, practicar deportes y leer revistas.

Nombre: Rosalinda Guerrero
Dirección: Calle 408 #3, Hatillo, Puerto Rico
Edad: 19 años
Pasatiempos: Navegar por Internet, leer sobre política, ir a conciertos y visitar museos de arte.

1. _____   3. _____
2. _____   4. _____

ESTUDIANTE 1

Busca los cuatro Aquí tienes una hoja con ocho anuncios clasificados; tu compañero/a tiene otra hoja con ocho anuncios distintos a los tuyos. Háganse preguntas para encontrar los cuatro anuncios de cada hoja que tienen su respuesta en la otra.

> **modelo**
>
> **Estudiante 1:** ¿Hay alguien que necesite una alfombra?
> **Estudiante 2:** No, no hay nadie que necesite una alfombra.

CLASIFICADOS

BUSCO un apartamento de dos cuartos, cerca del metro, con jardín. Mejor si tiene lavaplatos nuevo. Tel. 255-0228
1 _____

QUIERO un novio guapo y simpático. Me gusta leer mucho, y mi hombre ideal también debe amar la literatura. La edad no importa. Soy alta con pelo negro, me encanta bucear y trabajo en una oficina de correos. Tel. 559-8740
5 _____

SE VENDE una alfombra persa, 3 metros x 2 metros, colores predominantes azul y verde. Precio muy bajo, pero podemos regatear. Pagar en efectivo. caribenavega@inter.ve
2 _____

OFREZCO un perro gran danés de dos años. Me mudo a Maracaibo y prohíben tener perros en mi nuevo apartamento. Llamar al 386-4443.
6 _____

NECESITO reproductor de DVD en buenas condiciones. Debe tener control remoto. Llame al 871-0987.
3 _____

BUSCAMOS una casa en la playa, no muy lejos de Caracas. Acabamos de jubilarnos y deseamos vivir al norte, entre el mar y la ciudad. Tel. 645-2212
7 _____

TENGO un automóvil Ford, modelo Focus, y quiero venderlo lo antes posible. Sólo 8.000 kilómetros, casi nuevo, color negro. Tel. 265-1739
4 _____

SE REGALA un gato siamés de muy buen carácter. ¡Gratis! Es muy limpio y amable. Se llama Patitas y tiene 3 años. susana388@correo.com
8 _____

1. Menciona lo que se ofrece en los anuncios.

_____

_____

_____

2. Menciona lo que se necesita en los anuncios.

_____

_____

_____

3. ¿Cuáles son los anuncios que corresponden a los de tu compañero/a?

_____

_____

_____

Lección 2 *Communication Activities* (margin)

10 **ESTUDIANTE 2**

Busca los cuatro Aquí tienes una hoja con ocho anuncios clasificados; tu compañero/a tiene otra hoja con ocho anuncios distintos a los tuyos. Háganse preguntas para encontrar los cuatro anuncios de cada hoja que tienen su respuesta en la otra.

> **modelo**
> **Estudiante 1:** ¿Hay alguien que necesite una alfombra?
> **Estudiante 2:** No, no hay nadie que necesite una alfombra.

CLASIFICADOS

SE OFRECE la colección completa de los poemas de Andrés Eloy Blanco. Los libros están en perfecta condición. Se los regalo al primer interesado. superpoeta@correo.com
a _____

QUIERO un gato porque soy viuda y me siento sola. Adoro los gatos siameses. Escríbame: avenida Teresa Carreño 44, Caracas.
e _____

BUSCO una novia simpática y con muchos intereses. Me encantan los deportes acuáticos y todo tipo de literatura. Tengo 35 años, soy alto y me gusta el cine mexicano. Llame al 982-1014.
b _____

ALQUILAMOS un apartamento de dos cuartos con jardín y garaje. La cocina está remodelada con lavaplatos moderno. La línea de metro queda a sólo tres cuadras. Llamar al 451-3361 entre 15 y 18h.
f _____

VENDEMOS nuestros muebles de sala, estilo clásico: sofá, dos mesitas y tres lámparas. Excelente condición. Tel. 499-5601
c _____

SE BUSCA un carro para hijo adolescente, no muy caro porque aprendió a manejar hace muy poco. Prefiero un auto usado pero con pocos kilómetros. Escriba a jprivero@inter.ve
g _____

NECESITAMOS camareros para nuevo restaurante en el centro de Valencia. Conocimiento de las especialidades culinarias venezolanas obligatorio. Llamar entre 10 y 17h al 584-2226.
d _____

TENGO una computadora portátil para vender. Tiene mucha memoria y lista para conectar a Internet. Puede pagarme a plazos. Para más detalles llame al 564-3371.
h _____

1. Menciona lo que se ofrece en los anuncios.

2. Menciona lo que se necesita en los anuncios.

3. ¿Cuáles son los anuncios que corresponden a los de tu compañero/a?

11

Encuesta Circula por la clase y pregúntales a tus compañeros/as si conocen a alguien que haga cada actividad de la lista. Si responden que sí, pregúntales quién es y anota sus respuestas. Luego informa a la clase los resultados de tu encuesta.

> **modelo**
>
> trabajar en un supermercado
> **Estudiante 1:** ¿Conoces a alguien que trabaje en un supermercado?
> **Estudiante 2:** Sí, conozco a alguien que trabaja en un supermercado.
> **Estudiante 1:** ¿Quién es?
> **Estudiante 2:** Es mi hermano menor.

Actividades	Nombres	Respuestas
1. conocer muy bien su ciudad		
2. hablar japonés		
3. graduarse este año		
4. necesitar un préstamo		
5. pedir prestado un carro		
6. odiar ir de compras		
7. ser venezolano/a		
8. manejar una motocicleta		
9. trabajar en una zapatería		
10. no tener tarjeta de crédito		
11. ¿?		
12. ¿?		

Lección 2

Communication Activities

2.2 **Nosotros/as** commands

1   **Hagamos eso**   Rewrite these sentences, using the **nosotros/as** command forms of the verbs in italics.

> **modelo**
>
> Tenemos que *terminar* el trabajo antes de las cinco.
> **Terminemos el trabajo antes de las cinco.**

1. Hay que *limpiar* la casa hoy.

_____

2. Tenemos que *ir* al dentista esta semana.

_____

3. Debemos *depositar* el dinero en el banco.

_____

4. Podemos *viajar* a Venezuela este invierno.

_____

5. Queremos *salir* a comer este sábado.

_____

6. Deseamos *invitar* a los amigos de Ana.

_____

_____

2   **¡Sí! ¡No!**   You and your older sister disagree about everything. Write affirmative and negative **nosotros/as** commands for these actions.

> **modelo**
>
> abrir las ventanas
> tú: **Abramos las ventanas.**
> tu hermana: **No abramos las ventanas.**

1. doblar a la izquierda en la calle Robles

tú: _____

tu hermana: _____

2. poner la televisión

tú: _____

tu hermana: _____

3. abrir el paquete de papá

tú: _____

tu hermana: _____

4. hacer las diligencias para mamá

tú: _____

tu hermana: _____

3 **Como Lina** Everyone likes Lina and wants to be like her. Using **nosotros/as** commands, write sentences telling your friends what you all should do to follow her lead.

1. Lina compra zapatos italianos en el centro.

_____

2. Lina conoce la historia del jazz.

_____

3. Lina se va de vacaciones a las montañas.

_____

4. Lina se relaja en casa por las tardes.

_____

5. Lina hace pasteles para los cumpleaños de sus amigas.

_____

6. Lina no sale de fiesta todas las noches.

_____

7. Lina corre al lado del río todas las mañanas.

_____

8. Lina no gasta demasiado dinero en ropa.

_____

4 **El préstamo** Claudia is thinking of everything that she and her fiancé, Ramón, should do to buy an apartment. Write what she will tell Ramón, using **nosotros/as** commands for the verbs in the infinitive. The first sentence has been done for you.

Podemos pedir un préstamo para comprar un apartamento. Debemos llenar este formulario cuando solicitemos el préstamo. Tenemos que ahorrar dinero todos los meses hasta que paguemos el préstamo. No debemos cobrar los cheques que nos lleguen; debemos depositarlos en la cuenta corriente. Podemos depositar el dinero que nos regalen cuando nos casemos. Le debemos pedir prestado a mi padre un libro sobre cómo comprar una vivienda. Queremos buscar un apartamento que esté cerca de nuestros trabajos. No debemos ir al trabajo mañana por la mañana; debemos ir al banco a hablar con un empleado.

Pidamos un préstamo para comprar un apartamento. _____

_____

_____

_____

_____

_____

_____

Lección 2 Estructura Activities

5 **Identificar** Listen to each statement. Mark an **X** in the **Sí** row if it is a command. Mark an **X** in the **No** row if it is not.

> **modelo**
> *You hear:* Abramos la tienda.
> *You mark:* an **X** next to **Sí**.

	Modelo	1.	2.	3.	4.	5.	6.
Sí	X						
No							

6 **Cambiar** Change each sentence you hear to a **nosotros/as** command. Repeat the correct answer after the speaker. (*8 items*)

> **modelo**
> Vamos a visitar la Plaza Bolívar.
> Visitemos la Plaza Bolívar.

7 **Preguntas** Answer each question you hear negatively. Then make another suggestion using the cue and a **nosotros/as** command.

> **modelo**
> *You hear:* ¿Cocinamos esta noche?
> *You see:* comer en el restaurante Cambur.
> *You say:* No, no cocinemos esta noche. Comamos en el restaurante Cambur.

1. jugar a las cartas
2. esquiarla

3. ir a la biblioteca
4. limpiar el sótano

8 **¿Cierto o falso?** Listen to Manuel and Elisa's conversation. Then read the statements and decide whether they are **cierto** or **falso**.

	Cierto	Falso
1. Manuel está muy ocupado.	○	○
2. Manuel va a acompañar a Elisa a hacer diligencias.	○	○
3. Primero van a ir al correo para comprar sellos.	○	○
4. Elisa quiere depositar el cheque primero.	○	○
5. Manuel y Elisa van a comprar el postre antes de ir al banco.	○	○
6. Elisa sugiere cortarse el pelo después de hacer todo lo demás.	○	○

9

ESTUDIANTE 1

La fiesta de Laura Tu compañero/a y tú tienen que hacer varias diligencias para la fiesta de cumpleaños de su amiga Laura. Cada uno/a de ustedes tiene una lista diferente de las diligencias que tienen que hacer. Con mandatos de **nosotros/as** y las siguientes imágenes, dile a tu compañero/a lo que tienen que hacer. Escribe los mandatos de tu compañero/a en los espacios en blanco para completar el cuadro.

1 cobrar el cheque	2	3 ir a la tienda de música
4	5 comprarlo	6
7 acordarse de buscar una tarjeta	8	9 ir a la pastelería
10	11 llevarlo a casa	12
13 limpiar la sala y la cocina	14	15 prender el estéreo

9 ESTUDIANTE 2

La fiesta de Laura Tu compañero/a y tú tienen que hacer varias diligencias para la fiesta de cumpleaños de su amiga Laura. Cada uno/a de ustedes tiene una lista diferente de las diligencias que tienen que hacer. Con mandatos de **nosotros/as** y las siguientes imágenes, dile a tu compañero/a lo que tienen que hacer. Escribe los mandatos de tu compañero/a en los espacios en blanco para completar el cuadro.

1	2 ir al centro comercial	3
4 escuchar el disco de Enrique Iglesias	5	6 pagarlo en efectivo
7	8 escoger la más bonita	9
10 comprar el pastel de chocolate	11	12 ponerlo en la cocina
13	14 vestirse para la fiesta	15

Lección 2

Communication Activities

2.3 Past participles used as adjectives

1 **Participios** Complete the sentences with the correct past participle forms of these verbs.

1. Me voy de paseo junto al río en una bicicleta _____ (prestar).

2. Julián y yo tenemos las maletas _____ (abrir) por toda la sala.

3. Tu sobrino te regaló un barco _____ (hacer) de papel de periódico.

4. A la abuela de Gabriela le gusta recibir cartas _____ (escribir) a mano.

5. Para protegerse del sol, Rosa tiene un sombrero _____ (poner).

6. Lisa y David tienen bastante dinero _____ (ahorrar) en el banco.

7. Hay varios abrigos de invierno _____ (guardar) en el armario.

8. En Perú se descubrieron varias ciudades _____ (perder) cerca de Cuzco.

9. Natalia, José y Francisco son mis amigos _____ (preferir).

10. Miguel no puede caminar porque tiene el tobillo _____ (torcer).

2 **Las consecuencias** Complete the sentences with **estar** and the correct past participle.

> **modelo**
> La señora Gómez cerró la farmacia.
> La farmacia **está cerrada.**

1. Rafael resolvió los problemas. Los problemas _____.

2. Julia se preparó para el examen. Julia _____.

3. Le vendimos esa aspiradora a un cliente. Esa aspiradora _____.

4. Se prohíbe nadar en ese río. Nadar en ese río _____.

5. La agente de viajes confirmó la reservación. La reservación _____.

6. Carlos y Luis se aburrieron durante la película. Carlos y Luis _____.

3 **¿Cómo están?** Label each drawing with a complete sentence, using the nouns provided with **estar** and the past participle of the verbs.

1. pavo / servir _____

2. dormitorio / desordenar _____

3. cama / hacer _____ 4. niñas / dormir _____

_____

4 **El misterio** Complete this paragraph with the correct past participle forms of the verbs in the word bank. Use each verb only once.

| abrir | desordenar | hacer | poner | romper | ver |
| cubrir | escribir | morir | resolver | sorprender | volver |

El detective llegó al hotel con el número de la habitación (1) _____ en un papel.

Entró en la habitación. La cama estaba (2) _____ y la puerta del baño estaba

(3) _____. Vio a un hombre que parecía estar (4) _____

porque no movía ni un dedo. El hombre tenía la cara (5) _____ con un periódico

y no tenía zapatos (6) _____. El espejo estaba (7) _____ y

el baño estaba (8) _____. De repente, el hombre se levantó y salió corriendo sin

sus zapatos. El detective se quedó muy (9) _____ y el misterio nunca fue

(10) _____.

Síntesis

Imagine you have a friend who lives in an exciting place you have never visited: New York City, Mexico, etc. You are about to visit your friend for the first time; you are very excited and have many things you want to do, but you also have a lot of questions. On a separate sheet of paper, write an e-mail to your friend to prepare for your trip. Your message should include the following:

• Statements about the preparations you have made for your trip, using past participles as adjectives.

• **Nosotros/as** commands that describe the preparations you need to complete in order to do certain activities.

• Questions about the logistics of banking, communications, shopping, etc. in the city or country, using the subjunctive in adjective clauses.

modelo

> Hola, Maribel. Estoy muy emocionada porque acabo de comprar el pasaje para visitarte en Madrid.
> ¡Las maletas ya están hechas! Intentemos planearlo todo esta semana: consigamos la reservación
> para la cena de Nochevieja (*New Year's Eve*), llamemos a tus amigos para quedar con (*meet up with*)
> ellos y compremos ropa nueva para ir a la disco. A propósito, ¿hay muchas tiendas que acepten
> tarjeta de crédito? ¿Y hay restaurantes que sirvan comida vegetariana? ¡Hasta pronto!
> Sarah

5 **Identificar** Listen to each sentence and write the past participle that is being used as an adjective.

> **modelo**
> *You hear:* Los programas musicales son divertidos.
> *You write:* divertidos

1. _____   5. _____

2. _____   6. _____

3. _____   7. _____

4. _____   8. _____

6 **Preguntas** It has been a very bad day. Answer each question using the cue. Repeat the correct response after the speaker.

> **modelo**
> *You hear:* ¿Dónde está el libro?
> *You see:* perder
> *You say:* El libro está perdido.

1. romper   3. divorciar   5. caer   7. abrir   9. vender

2. morir   4. gastar   6. comer   8. dañar

7 **¿Cierto o falso?** Look at the drawing and listen to each statement. Indicate whether each statement is **cierto** or **falso**.

	Cierto	Falso
1.	○	○
2.	○	○
3.	○	○
4.	○	○
5.	○	○
6.	○	○

Escritura

Estrategia
Avoiding redundancies

Redundancy is the needless repetition of words or ideas. To avoid redundancy with verbs and nouns, consult a Spanish-language thesaurus (**diccionario de sinónimos**).
You can also avoid redundancy by using object pronouns, possessive adjectives, demonstrative adjectives and pronouns, and relative pronouns. Remember that, in Spanish, subject pronouns are generally used only for clarification, emphasis, or contrast. Study the example below:

Redundant:

Aurelio quiere ver muchas cosas en la ciudad. Cuando va a la ciudad, quiere ver los museos. También quiere ver los centros comerciales. Además, quiere ver los parques. Aurelio tiene que preparar una descripción de los museos, centros comerciales y parques que ve en la ciudad. Como no tiene computadora, necesita usar la computadora de su amigo para escribir la descripción.

Improved:

Aurelio quiere ver muchas cosas en la ciudad, como los museos, centros comerciales y parques. Como tiene que preparar una descripción de todo lo que ve, necesita usar la computadora de su amigo para escribirla.

Tema
Escribir un correo electrónico

Antes de escribir

1. Imagina que vas a visitar a un(a) amigo/a que vive con su familia en una ciudad que no conoces, donde vas a pasar una semana. Quieres conocer la ciudad, pero también debes completar un trabajo para tu clase de literatura. Tienes que escribirle un correo electrónico a tu amigo/a describiendo lo que te interesa hacer en su ciudad y dándole sugerencias de actividades que pueden hacer juntos/as. También debes mencionar lo que necesitas para hacer tu trabajo de literatura. Puedes basarte en una visita real o imaginaria.

2. Tu correo electrónico debe incluir esta información:

   ► El nombre de la ciudad que vas a visitar
   ► Los lugares que más te interesa visitar
   ► Lo que necesitas para hacer tu trabajo: acceso a Internet, saber como llegar a la biblioteca pública, tiempo para estar solo/a, libros para consultar
   ► Mandatos de nosotros/as para sugerir las actividades que van a compartir

3. Anota tus ideas para cada una de las categorías mencionadas anteriormente.

   ► Ciudad: _____
   ► Lugares: _____
   _____
   _____
   ► Necesidades: _____
   _____
   ► Sugerencias para actividades: _____
   _____
   _____

Escribir

1. Usa las ideas que anotaste para escribir tu correo electrónico. Debes incluir toda la información indicada anteriormente.

2. Escribe libremente, sin enfocarte demasiado en el estilo. Mientras escribes, concéntrate más en el contenido (*content*).

Después de escribir

1. Mira el borrador que escribiste. Ahora es el momento para revisarlo y buscar oportunidades para eliminar la repetición.

2. Haz un círculo alrededor de los sustantivos. ¿Es posible reemplazar las repeticiones con un pronombre de complemento directo? ¿Un pronombre relativo? Lee tu borrador otra vez y haz los cambios necesarios. Mira este modelo.

Pronombre de complemento directo:

Aurelio busca una computadora y unos libros. Necesita una computadora y unos libros para hacer su trabajo.

⟶ *Aurelio busca una computadora y unos libros. Los necesita para hacer su trabajo.*

Pronombre relativo:

Aurelio le pregunta a su amigo si puede usar su computadora. Su amigo tiene muchos aparatos electrónicos.

⟶ *Aurelio le pregunta a su amigo, quien tiene muchos aparatos electrónicos, si puede usar su computadora.*

3. Subraya otras palabras que se repiten para ver si puedes eliminar algunas.

Aurelio quiere caminar por los parques. También quiere caminar por el centro de la ciudad.
⟶ *Aurelio quiere caminar por los parques y por el centro de la ciudad.*

4. Corrige los problemas de repetición que encontraste y escribe tu correo electrónico una vez más.

5. Intercambia tu borrador con un(a) compañero/a de clase. Coméntalo y contesta estas preguntas.

   ▶ ¿Incluyó tu compañero/a toda la información necesaria?

   ▶ ¿Eliminó él/ella la repetición quitando palabras redundantes y reescribiendo algunas de las oraciones?

   ▶ ¿Usó él/ella mandatos de nosotros/as para sugerir actividades que puede compartir con su amigo/a?

   ▶ ¿Qué detalles añadirías (*would you add*)? ¿Cuáles quitarías (*would you delete*)? ¿Qué otros comentarios tienes para tu compañero/a?

6. Revisa tu narración otra vez según los comentarios de tu compañero/a. Después de escribir la versión final, léela otra vez para eliminar errores de:

   ▶ ortografía

   ▶ puntuación

   ▶ uso de letras mayúsculas y minúsculas

   ▶ concordancia entre sustantivos y adjetivos

   ▶ uso de verbos en el presente de indicativo

   ▶ uso de mandatos de nosotros/as

El Metro del D.F.

Antes de ver el video

1 **Más vocabulario** Look over these useful words before you watch the video.

<table>
<tr><td colspan="3" align="center">**Vocabulario útil**</td></tr>
<tr><td>**ancho/a** *wide*</td><td>**contar con** *to have, to offer*</td><td>**repartido/a** *spread out*</td></tr>
<tr><td>**el boleto** *ticket*</td><td>**debajo** *underneath*</td><td>**el siglo** *century*</td></tr>
<tr><td>**el camión** *bus (Mexico)*</td><td>**gratuito/a** *free*</td><td>**superado/a** *surpassed*</td></tr>
<tr><td>**el castillo** *castle*</td><td>**imponente** *imposing, impressive*</td><td>**la superficie** *surface*</td></tr>
<tr><td>**construido/a** *built*</td><td>**recorrer** *to cover (traveling)*</td><td>**ubicado/a** *located*</td></tr>
</table>

2 **Completar** Complete these sentences.

1. En México se le dice _____ a un autobús.
2. Los autobuses _____ distintos puntos de México, D.F.
3. El Metro tiene estaciones _____ por toda la ciudad.
4. El Bosque de Chapultepec está _____ en el centro de México, D.F.
5. El Metro es un servicio _____ para personas de más de 60 años.

3 **¡En español!** Look at the video still. Imagine what Carlos will say about **el Metro** in Mexico City and write a two- or three-sentence introduction to this episode.

Carlos López, México

¡Hola! Hoy vamos a hablar de... _____

_____

_____

_____

_____

Mientras ves el video

4 **¿Qué les gusta?** Identify what each of these passengers likes about **el Metro**.

1. ___   2. ___   3. ___

a. Es útil para ir a la escuela y visitar a mis compañeros.
b. Hay una parada (*stop*) cerca de mi casa.
c. Es un transporte seguro, rápido y cómodo.

d. Es barato y siempre me dan un descuento.
e. Hay mucha variedad de gente.

5 **¿Qué dice?** Identify the places Carlos mentions in the video.

_____ 1. una joyería del siglo pasado

_____ 2. las estaciones de metro superficiales

_____ 3. la Catedral Metropolitana

_____ 4. una panadería

_____ 5. un castillo construido en un cerro (*hill*)

_____ 6. el correo

_____ 7. un zoológico

_____ 8. un bosque en el centro de la ciudad

Después de ver el video

6 **¿Cierto o falso?** Indicate whether these statements are **cierto** or **falso**.

1. Carlos dice que el Metrobús es el sistema favorito de los ciudadanos. _____

2. Los tranvías circulan bajo la superficie de la ciudad. _____

3. En el Metro puedes recorrer los principales atractivos de México, D.F. _____

4. El Zócalo es la plaza principal de la capital mexicana. _____

7 **¿Cómo llego?** Imagine that you are in Mexico City. You want to go to **Ciudad Azteca** and decided to take the subway, but got confused and end up in **Barranca del Muerto**, the other end of the city! On a separate sheet of paper, write a conversation in which you ask a person for directions to help you get to your destination. Use some of these expressions. You can also find a map of the **Metro** online.

cambiar de tren
las estaciones
    de transbordo
estar perdido
hasta
al norte
seguir derecho

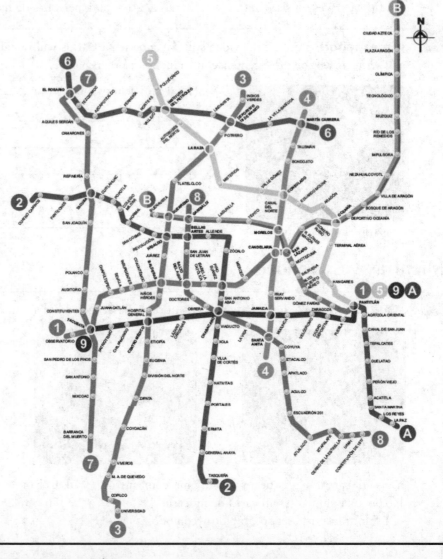

Panorama

Venezuela

1 **En Venezuela** Complete the sentences with information from **Panorama**.

1. Los _____ viven en comunidades de hasta 400 miembros.

2. El inmunólogo venezolano que ganó el Premio Nobel es _____.

3. La mayor concentración de petróleo en Venezuela se encuentra debajo del _____

4. El principal país comprador del petróleo venezolano es _____.

5. El *boom* petrolero convirtió a Caracas en una ciudad _____.

6. El corazón de Caracas es la zona del _____.

7. A principios del siglo XIX, la actual Venezuela todavía estaba bajo el dominio de

   _____.

8. Simón Bolívar fue el líder del movimiento _____ suramericano.

2 **Datos venezolanos** Complete the chart with the indicated information.

Venezolanos famosos	Principales ciudades venezolanas	Idiomas que se hablan en Venezuela	Países del área liberada por Simón Bolívar

3 **¿Quién soy?** Identify the person or type of person who could make each statement.

1. "Soy parte de una tribu que vive en el sur de Venezuela".

   _____

2. "Compuse música y toqué (*played*) el piano durante parte de los siglos XIX y XX".

   _____

3. "Fui un general que contribuyó a formar el destino de América".

   _____

4. "Di a conocer el Salto Ángel en 1935".

   _____

Lección 2 Panorama Activities

4   **Lo que aprendiste** Write a complete definition of each item, based on what you have learned.

1. bolívar _____

_____

2. tribu yanomami _____

_____

3. Baruj Benacerraf _____

_____

4. Lago de Maracaibo _____

_____

5. Petróleos de Venezuela _____

_____

6. Caracas _____

_____

7. Parque Central _____

_____

8. Simón Bolívar _____

_____

5   **El mapa de Venezuela** Label the map of Venezuela with the correct geographical names.

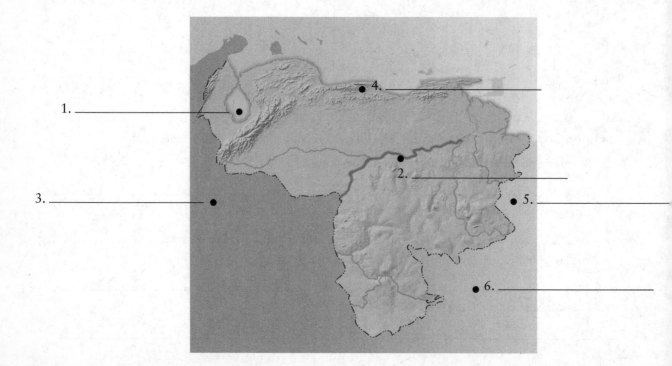

Panorama: Venezuela

Antes de ver el video

1 **Más vocabulario** Look over these useful words before you watch the video.

Vocabulario útil		
castillo *castle*	fuerte *fort*	plano/a *flat*
catarata *waterfall*	maravilla *wonder*	según *according to*
cima *top, summit*	medir *to measure*	teleférico *cable railway*

2 **Preferencias** In this video you are going to learn about two of the most famous tourist attractions in Venezuela: its mountains and beaches. In preparation for watching the video, complete these sentences.

1. Me gusta/No me gusta ir a la playa porque _____

_____

2. Me gusta/No me gusta ir de excursión a las montañas porque _____

_____

Mientras ves el video

3 **Marcar** Check off the cognates you hear while watching the video.

_____ 1. animales

_____ 2. arquitectura

_____ 3. construcción

_____ 4. diversa

_____ 5. famoso

_____ 6. geológicas

_____ 7. horizontales

_____ 8. marina

_____ 9. mitología

_____ 10. naturales

_____ 11. plantas

_____ 12. verticales

Lección 2

Video Activities: *Panorama cultural*

Después de ver el video

4 **¿Cierto o falso?** Indicate whether each statement is **cierto** or **falso**. Correct the false statements.

1. El Fortín Solano es la capital comercial de la isla Margarita.

_____

2. "Tepuyes" es el nombre que los indígenas piaroa le dan a las montañas.

_____

3. Se cree que en el Parque Nacional Canaima hay muchas especies de plantas y animales que nunca han sido clasificadas.

_____

4. El Salto Ángel es la catarata más alta del mundo.

_____

5. Según la mitología de los piaroa, el tepuy Autana representa la muerte.

_____

6. La isla Margarita es conocida como "la Perla del Amazonas".

_____

5 **Completar** Complete the sentences with words from the word bank. Some words will not be used.

clase	islas	metros	río	verticales
fuertes	marina	planas	teleférico	

1. En Venezuela hay castillos y _____ que sirvieron para proteger al país hace muchos años.

2. En Venezuela hay más de 311 _____.

3. La isla Margarita tiene una fauna _____ muy diversa.

4. Los hoteles de la isla Margarita son de primera _____.

5. El Parque Nacional Canaima tiene 38 grandes montañas de paredes _____ y cimas _____.

6. Venezuela también tiene el _____ más largo del mundo.

6 **Escribir** In Spanish, list the three things you found most interesting in this video and explain your choices. Use complete sentences.

_____

_____

_____

_____

_____

Contextos

1   Lo opuesto Fill in the blanks with the terms that mean the opposite of the descriptions.

1. sedentario _____

2. con cafeína _____

3. fuerte _____

4. adelgazar _____

5. comer en exceso _____

6. con estrés _____

7. sufrir muchas presiones _____

8. fuera (out) de forma _____

2   Vida sana Complete the sentences with the correct terms.

1. Antes de correr, es importante hacer ejercicios de _____ para calentarse.

2. Para dormir bien por las noches, es importante tomar bebidas _____.

3. Para desarrollar músculos fuertes, es necesario _____.

4. Una persona que es muy sedentaria y ve mucha televisión es un _____.

5. _____ es bueno porque reduce la temperatura del cuerpo.

6. Para aliviar el estrés, es bueno hacer las cosas tranquilamente y sin _____.

7. Cuando tienes los músculos tensos, lo mejor es que te den un _____.

3   Acciones Look at the drawings. Complete the sentences with the correct forms of the verbs from the word bank.

> (no) apurarse   (no) llevar una vida sana
> (no) hacer ejercicios de estiramiento

1. Isabel debió _____.

2. A Roberto no le gusta _____.

3. Adriana va a llegar tarde y tiene que _____.

4 **¿Negativo o positivo?** Categorize the terms in the word bank according to whether they are good or bad for one's health.

buena nutrición	dieta equilibrada	hacer gimnasia	ser teleadicto
colesterol	entrenarse	levantar pesas	sufrir muchas
comer comida	exceso de cafeína	llevar una vida sana	presiones
sin grasa	hacer ejercicios	llevar una	tomar vitaminas
comer en exceso	de estiramiento	vida sedentaria	

Bueno para la salud   **Malo para la salud**

_____   _____

_____   _____

_____   _____

_____   _____

_____   _____

_____   _____

_____   _____

5 **El/La entrenador(a)** You are a personal trainer, and your clients' goals are listed below. Give each one a different piece of advice, using familiar commands and expressions from **Contextos**.

1. "Quiero adelgazar". _____

2. "Quiero tener músculos bien definidos". _____

3. "Quiero quemar grasa". _____

4. "Quiero ser fuerte". _____

5. "Quiero correr un maratón". _____

6. "Quiero aumentar un poco de peso". _____

6 **Los alimentos** Write whether these food categories are rich in **vitaminas**, **minerales**, **proteínas**, or **grasas**.

1. carnes _____   5. huevos _____

2. agua mineral _____   6. aceite _____

3. mantequilla _____   7. verduras _____

4. frutas _____   8. cereales enriquecidos (*fortified*) _____

7   **No pertenece**   You will hear a series of words or phrases. Write the word or phrase that does not belong in each group.

1. _____   3. _____   5. _____

2. _____   4. _____

8   **Describir**   For each drawing, you will hear a brief description. Indicate whether it is **cierto** or **falso** according to what you see.

1.   Cierto   Falso   2.   Cierto   Falso

3.   Cierto   Falso   4.   Cierto   Falso

9   **A entrenarse**   Listen as Marisela describes her new fitness program. Then list the activities she plans to do each day.

lunes: _____

martes: _____

miércoles: _____

jueves: _____

viernes: _____

sábado: _____

domingo: _____

Lección 3

Audio Activities

10 ESTUDIANTE 1

El gimnasio perfecto Tú y tu compañero/a quieren encontrar el gimnasio perfecto. Tú tienes el anuncio del gimnasio Bienestar y tu compañero/a tiene el del gimnasio Músculos. Hazle preguntas a tu compañero/a sobre las actividades que se ofrecen en el otro gimnasio. Cada uno de ustedes tiene una hoja distinta con la información necesaria para completar la actividad.

> **modelo**
>
> **Estudiante 1:** ¿Se ofrecen clases para levantar pesas?
> **Estudiante 2:** Sí, para levantar pesas se ofrecen clases todos los lunes a las seis de la tarde.

Estudiante 1: *Eres una persona activa.*

Hazle preguntas a tu compañero/a sobre el gimnasio Músculos, usando las palabras de la lista.

> **Vocabulario útil**
>
> | | | |
> |---|---|---|
> | clases | estiramiento | sufrir presiones |
> | entrenadores | horario | tipos de ejercicio |

GIMNASIO BIENESTAR
¡Para llevar una vida sana!

Moderna sala de pesas

Muchas máquinas para ejercicios cardiovasculares

Tenemos clases de

Todos los días de 5:00 p.m. a 7:00 p.m.
¡Ven hoy mismo!

Tenemos diferentes seminarios cada mes. **¡No te los pierdas!**

En enero:
• Seminario de nutrición
• Seminario para dejar de fumar

Promoción del mes: Servicio de masajes por sólo 250 pesos

¡Además tenemos 50 televisores para que veas tus programas favoritos mientras haces ejercicios!

Con tu compañero/a, contesten las siguientes preguntas:

1. ¿Tienen ustedes las mismas necesidades en el gimnasio? ¿Cuáles son las diferencias?

   _____

   _____

2. ¿Los dos llevan una vida sana? ¿Por qué?

   _____

   _____

3. Ahora, escribe cuatro recomendaciones para tu compañero/a.

   a. _____ c. _____

   b. _____ d. _____

Communication Activities · **Lección 3**

10

ESTUDIANTE 2

El gimnasio perfecto Tú y tu compañero/a quieren encontrar el gimnasio perfecto. Tú tienes el anuncio del gimnasio Músculos y tu compañero tiene el del gimnasio Bienestar. Hazle preguntas a tu compañero/a sobre las actividades que se ofrecen en el otro gimnasio. Cada uno de ustedes tiene una hoja distinta con la información necesaria para completar la actividad.

> **modelo**
>
> **Estudiante 1:** ¿Se ofrecen clases para levantar pesas?
> **Estudiante 2:** Sí, para levantar pesas se ofrecen clases todos los lunes
> a las seis de la tarde.

Estudiante 2: *Eres una persona sedentaria.*

Hazle preguntas a tu compañero/a sobre el gimnasio Bienestar, usando las palabras de la lista.

Vocabulario útil		
adelgazar	fumar	masajes
clases de poca duración	levantar pesas	ver la televisión

Los lunes a las 6:00 p.m.:

GIMNASIO MÚSCULOS
Para personas fuertes

Clases de levantar pesas
Disfruta de nuestras clases de

Y para aliviar la tensión, los viernes
ofrecemos masajes.

¡Te esperamos!

todos los lunes, miércoles y viernes
de 6:00 p.m. a 6:30 p.m. y clases de
boxeo los martes a las 4:00 p.m.

Todos los días hay entrenadores
para ayudarte.

**No te pierdas nuestros seminarios
de este mes:**
• Seminario para aliviar el estrés
• Seminario para mejorar tus ejercicios de estiramiento

¡Ven también los sábados y domingos! El gimnasio está abierto de 9:00
a.m. – 6:00 p.m.

Con tu compañero/a, contesten las siguientes preguntas:

1. ¿Tienen ustedes las mismas necesidades en el gimnasio? ¿Cuáles son las diferencias?
   _____
   _____

2. ¿Los dos llevan una vida sana? ¿Por qué?
   _____
   _____

3. Ahora, escribe cuatro recomendaciones para tu compañero/a.
   a. _____   c. _____
   b. _____   d. _____

Lección 3 Communication Activities   **61**

Lección 3

Communication Activities

Chichén Itzá

Antes de ver el video

1 **Una excursión** List what you would probably do and say during a trip to an archaeological site.

_____

_____

_____

_____

_____

_____

_____

Mientras ves el video

2 **¿Quién?** As you watch this episode of the **Fotonovela**, indicate who said each sentence.

_____ 1. ¡Chichén Itzá es impresionante!

_____ 2. Nuestros papás nos trajeron cuando éramos niños.

_____ 3. Hay que estar en buena forma para recorrer las ruinas.

_____ 4. Pues, a mí me gustan las gorditas.

_____ 5. Qué lástima que no dejen subir a la cima.

3 **Completar** Fill in the blanks in these sentences.

1. _____ bajo mucha presión.

2. La universidad hace que seamos _____.

3. ¿Y Juan Carlos todavía no te _____ a salir?

4. Ofrecemos varios servicios para _____.

5. Su _____ es muy importante para nosotros.

4 **Ordenar** Number the events from one to four, putting them in order.

_____ a. Felipe y Juan Carlos corren.

_____ b. Marissa y Felipe toman fotos del lugar.

_____ c. Jimena y Juan Carlos se toman de las manos.

_____ d. Una empleada explica a los chicos qué ofrecen en el spa.

Después de ver el video

5 **¿Cierto o falso?** Indicate whether each sentence is **cierto** or **falso**. If an item is false, rewrite it so that it is true.

1. Felipe quería regresar al D.F. desde que leyó el *Chilam Balam*.

_____

2. Marissa lee en la guía que El Castillo fue construido entre el año 1000 y el 1200 d. C. y es una de las siete nuevas maravillas del mundo.

_____

3. Según Felipe, algunos dicen que los mayas inventaron la gimnasia.

_____

4. Jimena dice que se ha relajado mucho en la universidad últimamente.

_____

5. Jimena ya había estudiado mucho antes de salir del D.F.

_____

6 **Preguntas personales** Answer the following questions in Spanish.

1. ¿Haces ejercicio todos los días? ¿Por qué? _____

_____

2. ¿Sacas muchas fotos cuando estás de vacaciones? ¿Por qué? _____

_____

3. ¿Te gusta ir a un spa para aliviar la tensión? Explica por qué. _____

_____

4. ¿Has visitado una zona arqueológica tan impresionante como la que visitaron Marissa, Felipe, Jimena y Juan Carlos? ¿Dónde? _____

_____

5. ¿Quieres hacer una excursión como la que hicieron los cuatro estudiantes? Explica tu respuesta.

_____

_____

7 **Describir** Write a description of what you do or would like to do to reduce stress in your life.

_____

_____

_____

_____

_____

_____

Pronunciación

ch and p

In Spanish, **ch** is pronounced like the *ch* sound in *church* and *chair*.

Co**ch**abamba	no**ch**e	mo**ch**ila	mu**ch**a**ch**o	que**ch**ua

In English, the letter *p* at the beginning of a word is pronounced with a puff of air. In contrast, the Spanish **p** is pronounced without the puff of air. It is somewhat like the *p* sound in *spin*. To check your pronunciation, hold the palm of your hand in front of your mouth as you say the following words. If you are making the **p** sound correctly, you should not feel a puff of air.

La **P**az	**p**eso	**p**iscina	a**p**urarse	**p**roteína

1 Práctica Repeat each word after the speaker, focusing on the **ch** and **p** sounds.

1. archivo	4. lechuga	7. pie	10. chuleta
2. derecha	5. preocupado	8. cuerpo	11. champiñón
3. chau	6. operación	9. computadora	12. leche

2 Oraciones When you hear the number, read the corresponding sentence aloud. Then listen to the speaker and repeat the sentence.

1. A muchos chicos les gusta el chocolate.
2. Te prohibieron comer chuletas por el colesterol.
3. ¿Has comprado el champán para la fiesta?
4. Chela perdió el cheque antes de depositarlo.
5. Levanto pesas para perder peso.
6. ¿Me prestas el champú?

3 Refranes Repeat each saying after the speaker to practice the **ch** and **p** sounds.

1. Del dicho al hecho, hay mucho trecho. [1]
2. A perro flaco todo son pulgas. [2]

4 Dictado You will hear eight sentences. Each will be said twice. Listen carefully and write what you hear.

1. _____
2. _____
   _____
3. _____
4. _____
   _____
5. _____
6. _____
   _____
7. _____
8. _____

[1] *It's easier said than done.*   [2] *It never rains, but it pours.*

Lección 3

Audio Activities

Estructura

3.1 The present perfect

1 **¿Qué han hecho?** Complete each sentence with the present perfect of the verb in parentheses.

> **modelo**
>
> Marcos y Felipe _____ (hacer) su tarea de economía.
>
> Marcos y Felipe **han hecho** su tarea de economía.

1. Gloria y Samuel _____ (comer) comida francesa.

2. (Yo) _____ (ver) la última película de ese director.

3. Pablo y tú _____ (leer) novelas de García Márquez.

4. Liliana _____ (tomar) la clase de ejercicios aeróbicos.

5. (Nosotros) _____ (ir) a esa heladería antes.

6. Tú le _____ (escribir) un mensaje eléctronico al profesor.

2 **¿Qué han hecho esta tarde?** Write sentences that say what these people have done this afternoon. Use the present perfect.

1. Luis y Marta

_____

2. Víctor

_____

3. (tú)

_____

4. Ricardo

_____

5. (yo)

_____

6. Claudia y yo

_____

Lección 3 Estructura Activities   **65**

3 **Ha sido así** Rewrite the sentences, replacing the subject with the one in parentheses.

1. Hemos conocido a varios bolivianos este año. (tú)

_____

2. Gilberto ha disfrutado de sus vacaciones. (yo)

_____

3. ¿Has ido al Museo de Arte de Boston? (ustedes)

_____

4. Paula y Sonia han comenzado a levantar pesas. (Virginia)

_____

5. He asistido a tres conferencias de ese escritor. (los estudiantes)

_____

6. Mi hermano ha engordado un poco este verano. (mi madre y yo)

_____

4 **Todavía no** Rewrite the sentences to say that these things have not yet been done. Use the present perfect.

> **modelo**
> Su prima no va al gimnasio.
> Su prima todavía no ha ido al gimnasio.

1. Pedro y Natalia no nos dan las gracias.

_____

2. Los entrenadores no contestan la pregunta.

_____

3. Mi amigo Pablo no hace ejercicio.

_____

4. Esas chicas no levantan pesas.

_____

5. Tú no estás a dieta.

_____

6. Rosa y yo no sufrimos muchas presiones.

_____

5 **Identificar** Listen to each statement and mark an **X** in the column for the subject of the verb.

> modelo
> *You hear:* Nunca han hecho ejercicios aeróbicos.
> *You mark:* an **X** under **ellos**.

	yo	tú	él/ella	nosotros/as	ellos
Modelo					X
1.					
2.					
3.					
4.					
5.					
6.					

6 **Transformar** Change each sentence you hear from the present indicative to the present perfect indicative. Repeat the correct answer after the speaker. (*8 items*)

> modelo
> Pedro y Ernesto salen del gimnasio.
> *Pedro y Ernesto han salido del gimnasio.*

7 **Preguntas** Answer each question you hear using the cue. Repeat the correct response after the speaker.

> modelo
> *You hear:* ¿Ha adelgazado Miguel?
> *You see:* sí / un poco
> *You say:* Sí, Miguel ha adelgazado un poco.

1. sí
2. sí
3. no
4. sí
5. no
6. no / todavía

8 **Consejos de una amiga** Listen to this conversation between Eva and Manuel. Then choose the correct ending for each statement.

1. Ellos están hablando de…
   a. que comer tanto es malo. b. la salud de Manuel. c. los problemas con sus clases.
2. Manuel dice que sufre presiones cuando…
   a. tiene exámenes. b. hace gimnasia. c. no puede dormir y come mucho.
3. Eva dice que ella…
   a. estudia durante el día. b. ha estudiado poco. c. también está nerviosa.
4. Eva le dice a Manuel que…
   a. deje de comer. b. estudie más. c. ellos pueden estudiar juntos.

3.2 The past perfect

1   **Vida nueva**   Complete this paragraph with the past perfect forms of the verbs in parentheses.

Antes del accidente, mi vida (1) _____ (ser) tranquila y sedentaria. Hasta ese momento,

(yo) siempre (2) _____ (mirar) mucho la televisión y (3) _____

(comer) en exceso. Nada malo me (4) _____ (pasar) nunca. El día en que pasó el

accidente, mis amigos y yo nos (5) _____ (encontrar) para ir a nadar en un río.

Nunca antes (6) _____ (ir) a ese río. Cuando llegamos, entré de cabeza al río. (Yo)

No (7) _____ (ver) las rocas (*rocks*) que había debajo del agua. Me di con (*I hit*) las

rocas en la cabeza. Mi hermana, que (8) _____ (ir) con nosotros al río, me sacó del

agua. Todos mis amigos se (9) _____ (quedar) fuera del agua cuando vieron lo que me

pasó. Me llevaron al hospital. En el hospital, los médicos me dijeron que yo (10) _____

(tener) mucha suerte. (Yo) No me (11) _____ (lastimar) demasiado la espalda, pero

tuve que hacer terapia (*therapy*) física por muchos meses. (Yo) Nunca antes (12) _____

(preocuparse) por estar en buena forma, ni (13) _____ (querer) ir al gimnasio. Ahora

hago gimnasia y soy una persona activa, flexible y fuerte.

2   **Nunca antes**   Rewrite the sentences to say that these people had never done these things before.

> **modelo**
>
> Julián se compró un coche nuevo.
> Julián nunca antes se había comprado un coche nuevo.

1. Tu novia fue al gimnasio por la mañana.

   _____

2. Carmen corrió en el maratón de la ciudad.

   _____

3. Visité los países de Suramérica.

   _____

4. Los estudiantes escribieron trabajos de veinte páginas.

   _____

5. Armando y Cecilia esquiaron en los Andes.

   _____

6. Luis y yo tenemos un perro en casa.

   _____

7. Condujiste el coche de tu papá.

   _____

8. Ramón y tú nos prepararon la cena.

   _____

Lección 3

3 **Ya había pasado** Combine the sentences, using the preterite and the past perfect tenses.

> *modelo*
> Elisa pone la televisión. Jorge ya se ha despertado.
> *Cuando Elisa puso la televisión, Jorge ya se había despertado.*

1. Lourdes llama a Carla. Carla ya ha salido.

_____

2. Tu hermano vuelve a casa. Ya has terminado de cenar.

_____

3. Llego al gimnasio. La clase de yoga ya ha empezado.

_____

4. Ustedes nos buscan en casa. Ya hemos salido.

_____

5. Salimos a la calle. Ya ha empezado a nevar.

_____

6. Ellos van al centro comercial. Las tiendas ya han cerrado.

_____

7. Lilia y Juan encuentran las llaves. Raúl ya se ha ido.

_____

8. Preparas el almuerzo. Yo ya he comido.

_____

4 **Rafael Nadal** Write a paragraph about the things that Rafael Nadal had achieved by age 18. Use the phrases from the word bank with the past perfect. Start each sentence with **Ya**. The first one has been done for you.

empezar a jugar al tenis profesionalmente	jugar en torneos del Grand Slam
ganar un torneo Masters Series	recibir miles de dólares
ingresar a la lista de los 100 mejores jugadores de la ATP	ser el campeón (*champion*) de la Copa Davis

Cuando tenía 18 años, Rafael Nadal ya había empezado a jugar al tenis profesionalmente.

_____

_____

_____

_____

_____

Lección 3 Estructura Activities **69**

Lección 3

5 **¿Lógico o ilógico?** You will hear some brief conversations. Indicate if they are **lógico** or **ilógico**.

1. Lógico   Ilógico   3. Lógico   Ilógico   5. Lógico   Ilógico

2. Lógico   Ilógico   4. Lógico   Ilógico   6. Lógico   Ilógico

6 **Transformar** Change each sentence you hear from the preterite to the past perfect indicative. Repeat the correct answer after the speaker. (*6 items*)

> modelo
>
> Marta nunca sufrió muchas presiones.
> Marta nunca había sufrido muchas presiones.

7 **Describir** Using the cues, describe what you and your friends had already done before your parents arrived for a visit. Repeat the correct answer after the speaker.

> modelo
>
> *You see:* preparar la cena
> *You hear:* mis amigas
> *You say:* Mis amigas ya habían preparado la cena.

1. limpiar el baño y la sala   3. sacudir los muebles   5. hacer las camas

2. sacar la basura   4. poner la mesa   6. darle de comer al gato

8 **Conversación** Listen to this conversation and write the missing words. Then answer the questions.

JORGE ¡Hola, chico! Ayer vi a Carmen y no me lo podía creer. Me dijo que te

(1) _____ (2) _____ en el gimnasio. ¡Tú, que siempre

(3) _____ (4) _____ tan sedentario! ¿Es cierto?

RUBÉN Pues, sí. (5) _____ (6) _____ mucho de peso y me dolían las rodillas. Hacía

dos años que el médico me (7) _____ (8) _____ que tenía que mantenerme

en forma. Y finalmente, hace cuatro meses, decidí hacer gimnasia casi todos los días.

JORGE Te felicito (*I congratulate you*), amigo. Yo también (9) _____ (10) _____

hace un año a hacer gimnasia. ¿Qué días vas? Quizás nos podemos encontrar allí.

RUBÉN (11) _____ (12) _____ todos los días al salir del trabajo. ¿Y tú? ¿Vas con Carmen?

JORGE Siempre (13) _____ (14) _____ juntos hasta que compré mi propio carro.

Ahora voy cuando quiero. Pero la semana que viene voy a tratar de ir después del trabajo para

verte por allí.

15. ¿Por qué es extraño que Rubén esté en el gimnasio?

_____

16. ¿Qué le había dicho el médico a Rubén?

_____

17. ¿Por qué no va Jorge con Carmen al gimnasio?

_____

9 **Lo dudo** Escribe cinco oraciones, algunas ciertas y algunas falsas, sobre cosas que habías hecho antes de venir a esta escuela. Luego, en grupos, túrnense para leer sus oraciones. Cada miembro del grupo debe decir "es cierto" o "lo dudo" después de cada una. Escribe el nombre de tus compañeros/as y su reacción en la columna apropiada. ¿Quién obtuvo más respuesta ciertas?

modelo

Oraciones	Nombre: Miguel	Nombre: Ana	Nombre: Beatriz
1. Cuando tenía 10 años, ya había manejado el carro de mi papá.	Lo dudo.	Es cierto.	Lo dudo.

Oraciones	Nombre:	Nombre:	Nombre:
1.			
2.			
3.			
4.			
5.			

Lección 3

Communication Activities

3.3 The present perfect subjunctive

1 **¡No estoy de acuerdo!** Your friend Lisa is contradicting everything you say. Using the present perfect subjunctive, complete her statements.

> **modelo**
>
> —He perdido las llaves muchas veces.
> —No es verdad que hayas perdido las llaves muchas veces.

1. —Éste ha sido tu mejor año. —No estoy segura _____.

2. —El ejercicio le ha aliviado el estrés. —Dudo _____.

3. —Rafael y tú han sufrido muchas presiones. —Niego _____.

4. —El gobierno ha estudiado el problema. —Es improbable _____.

5. —Ustedes han sido muy buenos amigos siempre. —No es cierto _____.

6. —Has hecho todo lo que pudiste. —No es seguro _____.

2 **De acuerdo** Lisa is in a better mood today and says everything you are thinking. Write her thoughts on these topics, using the expressions provided and the present perfect subjunctive.

> **modelo**
>
> Marina ha disfrutado de su dieta / improbable
> Es improbable que Marina haya disfrutado de su dieta.

1. Muchas niñas han estado a dieta / terrible

_____

2. Ustedes no han llevado una vida sana hasta ahora / triste

_____

3. Los jugadores no han hecho ejercicios de estiramiento / una lástima

_____

4. Nosotros hemos aumentado de peso este verano / probable

_____

5. Mi papá no ha engordado más / me alegro de

_____

6. Nunca he aliviado el estrés en mi trabajo / siento

_____

7. Tú y tu amiga se han mantenido en forma / qué bueno

_____

3 | **La telenovela** Write a paragraph telling your best friend how glad you are that these things happened on the soap opera you both watch. Start each sentence with **Me alegro**. The first one has been done for you.

la vecina / poner la televisión	Alejandro y Leticia / ganar la lotería
Ligia Elena / separarse de Luis Javier	los padres de Juliana / encontrar la carta
la boda de Gema y Fernando / ser tan	de amor
elegante	(tú) / contarme lo que pasó ayer
Ricardo / conocer a Diana Carolina	(nosotros) / poder ver esta telenovela

Me alegro de que la vecina haya puesto la televisión. _____

_____

_____

_____

_____

_____

_____

_____

_____

Síntesis

On another sheet of paper, write an autobiographical essay about your time in school. Address:
- things that you have done that you are proud of and things you are embarrassed about. Use the present perfect.
- things that you had done by age eight or by age sixteen. Use the past perfect.

Use expressions such as **me alegro, me sorprende, siento, es una lástima, es triste, es extraño**, and **es ridículo** and the present perfect subjunctive. Cover such topics as academic and extracurricular achievements and failures, as well as achievements and failures in your social life.

4   **Identificar**   Listen to each sentence and decide whether you hear a verb in the present perfect indicative, the past perfect indicative, or the present perfect subjunctive.

1. a. present perfect   b. past perfect   c. present perfect subjunctive
2. a. present perfect   b. past perfect   c. present perfect subjunctive
3. a. present perfect   b. past perfect   c. present perfect subjunctive
4. a. present perfect   b. past perfect   c. present perfect subjunctive
5. a. present perfect   b. past perfect   c. present perfect subjunctive
6. a. present perfect   b. past perfect   c. present perfect subjunctive
7. a. present perfect   b. past perfect   c. present perfect subjunctive
8. a. present perfect   b. past perfect   c. present perfect subjunctive

5   **Oraciones**   Complete each sentence you hear using the cue and the present perfect subjunctive. Repeat the correct response after the speaker.

> **modelo**
>
> *You see:* usted / llegar muy tarde
> *You hear:* Temo que...
> *You say:* **Temo que usted haya llegado muy tarde.**

1. ella / estar enferma
2. tú / adelgazar
3. ellos / salir de casa ya
4. nosotros / entrenarnos lo suficiente
5. él / ir al gimnasio
6. yo / casarme

6   **En el Gimnasio Cosmos**   Listen to this conversation between Eduardo and a personal trainer, then complete the form.

```
GIMNASIO COSMOS
Tel. 52-9023
Datos del cliente
Nombre: _____
Edad: _____
¿Cuándo fue la última vez que hizo ejercicio?
_____
¿Qué tipo de vida ha llevado últimamente: activa o pasiva?
_____
¿Quiere adelgazar?
_____
¿Hace o ha hecho ejercicios aeróbicos?
_____
```

7

ESTUDIANTE 1

¿A favor o en contra? (*For or against?*) Analiza con tu compañero/a las posibilidades que tiene Margarita de mejorar su calidad de vida. Tú crees que su calidad de vida **SÍ** puede mejorar. Dile a tu compañero/a las razones por las cuales estás "a favor" y, con una frase diferente de la lista, tu compañero/a comenta cada una de las razones por las cuales él/ella está "en contra". Conecta sus razones y las tuyas con **porque**. Inventa las dos últimas razones. Sigue el modelo. Tú empiezas.

> **modelo**
>
> **Estudiante 1:** Margarita ha adelgazado treinta libras desde el año pasado.
> **Estudiante 2:** Es probable que haya adelgazado treinta libras desde el año pasado, pero ha engordado quince libras en dos semanas.
> **Estudiante 1:** Es imposible que haya engordado quince libras en dos semanas, porque ha reducido mucho el número de calorías diarias que consume. (*Continue the flow of reasons.*)

No puedo creer que…	No es posible que…	No es probable que…
Es imposible que…	No estoy seguro/a de que…	Es difícil de creer que…
Dudo que…	No creo que…	Es poco probable que…

A FAVOR

- Ha adelgazado treinta libras (*pounds*) desde el año pasado.
- Ha reducido mucho el número de calorías diarias que consume.
- Ha tratado de no comer dulces ni grasas.
- Ha empezado a comer alimentos (*foods*) ricos en vitaminas.
- Siempre ha disfrutado de muy buena salud.
- Nunca ha tenido problemas de estrés.
- Ha decidido mantenerse en forma.
- Siempre ha corrido cinco millas los fines de semana.
- _____
- _____

Ahora, con tu compañero/a, escriban una lista con las tres cosas más importantes que **NO** debe hacer Margarita y las que **SÍ** debe hacer y debe seguir haciendo para llevar una vida sana y mejorar su calidad de vida.

_____

_____

_____

_____

_____

_____

Lección 3

Communication Activities

7

ESTUDIANTE 2

¿A favor o en contra? (*For or against?*) Analiza con tu compañero/a las posibilidades que tiene Margarita de mejorar su calidad de vida. Tú crees que su calidad de vida **NO** puede mejorar. Dile a tu compañero/a las razones por las cuales estás "en contra" y, con una frase diferente de la lista, tu compañero/a comenta cada una de las razones por las cuales él/ella está "a favor". Conecta sus razones y las tuyas con **pero**. Inventa las dos últimas razones. Sigue el modelo. Tu compañero/a empieza.

> **Estudiante 1:** Margarita ha adelgazado treinta libras desde el año pasado.
>
> **Estudiante 2:** Es probable que haya adelgazado treinta libras desde el año pasado, pero ha engordado quince libras en dos semanas.
>
> **Estudiante 1:** Es imposible que haya engordado quince libras en dos semanas, porque ha reducido mucho el número de calorías diarias que consume. (*Continue the flow of reasons.*)

Es probable que…	Es posible que…	Es necesario que…
Es bueno que…	Me alegro de que…	Es importante que…
Me gusta que…	Temo que...	

EN CONTRA

- Ha engordado quince libras (*pounds*) en dos semanas.
- Ha aumentado su nivel de colesterol.
- No ha aprendido a comer una dieta equilibrada.
- Nunca le han gustado las verduras.
- Ha fumado y comido en exceso durante muchos años.
- Ha empezado a consumir alcohol.
- No ha hecho ejercicio en toda su vida.
- Siempre ha llevado una vida sedentaria.
- _____
- _____

Ahora, con tu compañero/a, escriban una lista con las tres cosas más importantes que **NO** debe hacer Margarita y las que **SÍ** debe hacer y debe seguir haciendo para llevar una vida sana y mejorar su calidad de vida.

_____

_____

_____

_____

Lección 3 (sidebar)

Communication Activities (sidebar)

Escritura

Estrategia
Organizing information logically

Many times a written piece may require you to include a great deal of information. You might want to organize your information in one of three different ways:

► chronologically (e.g., events in the history of a country)
► sequentially (e.g., steps in a recipe)
► in order of importance

Organizing your information beforehand will make both your writing and your message clearer to your readers. If you were writing a piece on weight reduction, for example, you would need to organize your ideas about two general areas: eating right and exercise. You would need to decide which of the two is more important according to your purpose in writing the piece. If your main idea is that eating right is the key to losing weight, you might want to start your piece with a discussion of good eating habits. You might want to discuss the following aspects of eating right in order of their importance:

► quantities of food
► selecting appropriate foods from the food pyramid
► healthy recipes
► percentage of fat in each meal
► calorie count
► percentage of carbohydrates in each meal
► frequency of meals

You would then complete the piece by following the same process to discuss the various aspects of the importance of getting exercise.

Tema
Escribir un plan personal de bienestar

Antes de escribir

1. Vas a desarrollar un plan personal para mejorar tu bienestar, tanto físico como emocional. Tu plan debe describir:

   ► lo que has hecho para mejorar tu bienestar y llevar una vida sana
   ► lo que no has podido hacer todavía
   ► las actividades que debes hacer en los próximos meses

2. Para cada una de las tres categorías del paso número uno, considera el papel que juegan la nutrición, el ejercicio y el estrés. Refiérete a estas preguntas para más ideas.

   La nutrición
   ► ¿Comes una dieta equilibrada?
   ► ¿Consumes suficientes vitaminas y minerales? ¿Consumes demasiada grasa?
   ► ¿Quieres aumentar de peso o adelgazar?
   ► ¿Qué puedes hacer para mejorar tu dieta?

   El ejercicio
   ► ¿Haces ejercicio? ¿Con qué frecuencia?
   ► ¿Vas al gimnasio? ¿Qué tipo de ejercicios haces allí?
   ► ¿Practicas algún deporte?
   ► ¿Qué puedes hacer para mejorar tu bienestar físico?

   El estrés
   ► ¿Sufres muchas presiones?
   ► ¿Qué actividades o problemas te causan estrés?
   ► ¿Qué haces (o debes hacer) para aliviar el estrés y sentirte más tranquilo/a?
   ► ¿Qué puedes hacer para mejorar tu bienestar emocional?

Lección 3

Writing Activities

3. Completa este recuadro para analizar la situación más detalladamente.

	Lo que has hecho	Lo que no has podido hacer	Lo que vas a hacer
la nutrición			
el ejercicio			
el estrés			

4. Ahora organiza tus ideas en orden de importancia. Completa la siguiente pirámide invertida con las tres categorías de nutrición, ejercicio y estrés. Pon la categoría más importante para ti en la parte de arriba de la pirámide y sigue de esta manera con las otras dos categorías.

5. Después, usa la información del recuadro del paso número tres para añadir detalles clave sobre cada categoría. Pon los detalles para cada categoría en orden de importancia también.

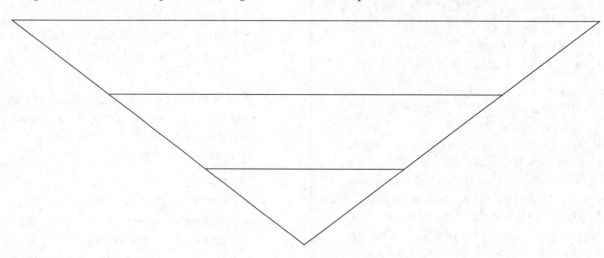

Escribir

1. Usa la información que escribiste en la pirámide invertida para escribir tu composición. Escribe un párrafo sobre cada una de las tres categorías de la pirámide.

2. Usa estas expresiones para indicar el nivel (*level*) de importancia de cada categoría.

Muy importante	Importante	Menos importante
Es muy importante...	También es importante...	No es tan importante...
Me importa mucho...	Me importa...	No me importa tanto...

3. Verifica el uso correcto del presente perfecto y de las formas comparativas.

Después de escribir

1. Intercambia tu borrador con un(a) compañero/a de clase. Coméntalo y contesta estas preguntas.

   ▶ ¿Incluyó tu compañero/a las tres categorías de información?

   ▶ ¿Estableció él/ella un orden claro de importancia entre las tres categorías?

   ▶ ¿Usó él/ella palabras de la lista para indicar el nivel de importancia?

   ▶ ¿Usó él/ella bien las formas del presente perfecto y las formas comparativas?

   ▶ ¿Qué detalles añadirías (*would you add*)? ¿Cuáles quitarías (*would you delete*)? ¿Qué otros comentarios tienes para tu compañero/a?

2. Revisa tu narración según los comentarios de tu compañero/a.

Lección 3

Writing Activities

¿Estrés? ¿Qué estrés?

Antes de ver el video

1 **Más vocabulario** Look over these useful words before you watch the video.

Vocabulario útil		
el ambiente *atmosphere*	el/la madrileño/a	remontarse *to go back (in time)*
el descanso *rest*	*person from Madrid*	retirarse *to retreat*
el espectáculo *show*	mantenerse sano/a	*(to a peaceful place)*
el estanque *pond*	*to stay healthy*	el retiro *retreat*
judío/a *Jewish*	el paseo *walk*	trotar *to jog*
llevadero/a *bearable*	remar *to row*	el vapor *steam*

2 **Completar** Complete this paragraph about **los baños árabes** using the **Vocabulario útil**.

Madrid fue lugar de encuentro de tres culturas: musulmana, cristiana y (1)_____.
Los musulmanes, por ejemplo, introdujeron los famosos baños árabes, que eran lugares de
(2)_____ donde las personas iban a (3)_____ y a socializar. Aunque en
la actualidad los (4)_____ continúan disfrutando de estos baños, existen muchas otras
alternativas para mantenerse sanos y sin estrés.

3 **¡En español!** Look at the video still. Imagine what Miguel Ángel will say about **el estrés** in Madrid
and write a two- or three-sentence introduction to this episode.

Miguel Ángel Lagasca, España

¡Bienvenidos a Madrid! Hoy les quiero mostrar... _____

_____

_____

_____

_____

_____

_____

Mientras ves el video

4 **Completar** Listen to a man talking about his dog, and complete the conversation.

HOMBRE Bueno, a mí me espera además un (1)_____. Yo tengo un perro que se
llama Curro, que es un fenómeno... Gracias a él, pues, aparte del (2)_____ de
Madrid, sirve para (3)_____ y dar un paseíto, ¿eh?, y resulta muy agradable.
Más (4)_____ [...] Yo insisto que lo mejor en Madrid es tener un perro, si es
(5)_____ que se llame Curro, y dar un (6)_____ con él, y es
muy divertido.

Lección 3 Flash cultura Video Activities **79**

Lección 3

Video Activities: *Flash cultura*

Lección 3

5 **¿Estrés en Madrid?** Being the capital of Spain, Madrid has the hustle and bustle of any big city. Identify why these **madrileños** are stressed out.

1. ___   2. ___   3. ___

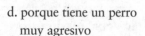 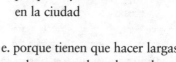

a. porque durmieron en el parque para conseguir boletos

b. porque hay mucho tráfico en la ciudad

c. porque hay personas que les quieren quitar el lugar en la cola

d. porque tiene un perro muy agresivo

e. porque tienen que hacer largas colas para todo, sobre todo para espectáculos culturales

Después de ver el video

6 **Preguntas** Answer each of these questions.

1. ¿Qué problema tiene Madrid que es típico de una gran ciudad?

_____

2. Menciona dos lugares adonde los madrileños van para desestresarse.

_____

3. ¿Quién es Curro? ¿Qué opina su dueño de él?

_____

4. ¿Cuáles son tres actividades saludables que se pueden hacer en el Parque del Retiro?

_____

5. ¿Cuántas salas de baños árabes tiene el Medina Mayrit?

_____

7 **No hablo español** Remember the American who cut the line for the show? The couple behind him did not succeed in making him go to the end. What would you say to him? Write a conversation in which you tell him to go to the back of the line!

_____

_____

_____

_____

_____

_____

_____

_____

Video Activities: Flash cultura

Panorama

Bolivia

1 **Información de Bolivia** Complete these sentences with information about Bolivia.

1. El área de Bolivia es igual al área total de _____.

2. Las personas de ascendencia indígena y europea representan _____.

3. Un 70% de la población boliviana vive en el _____.

4. La moneda de Bolivia es el _____.

5. Los tres idiomas que se hablan en Bolivia son _____.

6. El lago navegable más alto del mundo es el _____.

7. El aeropuerto de La Paz se encuentra a _____ metros de altura.

8. Tiahuanaco es el nombre de unas ruinas y significa _____.

9. Se cree que Tiahuanaco fue fundado por los antepasados de _____.

10. _____ es un impresionante monumento que pesa unas 10 toneladas.

2 **¿Cierto o falso?** Indicate whether these statements are **cierto** or **falso**. Correct the false statements.

1. Bolivia tiene dos ciudades capitales diferentes.

_____

2. Jesús Lara fue un pintor y político boliviano.

_____

3. Bolivia tiene una costa en el océano Pacífico.

_____

4. El lago Titicaca es el lago más grande de Suramérica.

_____

5. Según la mitología aimará, los hijos del dios Sol fundaron su imperio.

_____

6. La música andina es el aspecto más conocido del folclore boliviano.

_____

7. Bolivia limita (*borders*) con Colombia, Perú y Brasil.

_____

8. Se piensa que los antepasados de los indígenas aimará fundaron Tiahuanaco hace 15.000 años.

_____

Lección 3 Panorama Activities

3 **Términos bolivianos** Fill in the blanks with the terms described.

1. _____ Son grupos indígenas que constituyen más de la mitad de

la población de Bolivia.

2. _____ Es la sede del gobierno de Bolivia.

3. _____ Es la primera ciudad de Bolivia en número de habitantes.

4. _____ Fue un político y presidente boliviano.

5. _____ Tipo de música compartida por Bolivia, Perú, Ecuador,

Chile y Argentina. Es música popular de origen indígena.

6. _____ Es un grupo boliviano de música andina que lleva más de

treinta años actuando en los escenarios internacionales.

4 **Letras desordenadas** Unscramble the words according to the clues.

1. IICTATCA _____
(el segundo lago más grande de Suramérica)

2. BHABCMOCAA _____
(ciudad boliviana)

3. AUQHCUE _____
(uno de los idiomas oficiales de Bolivia)

4. OLAZCSAA _____
(apellido de una poeta boliviana)

5. SOL HSSCKIA _____
(grupo argentino de música andina)

6. URECS _____
(ciudad sede del Tribunal Supremo)

7. AEOMNLERCI _____
(tipo de centro que fue Tiahuanaco)

8. AALSKAASAY _____
(templo de las ruinas de Tiahuanaco)

Panorama: Bolivia

Antes de ver el video

1 **Más vocabulario** Look over these useful words before you watch the video.

Vocabulario útil	
alimento *food*	salar *salt flat*
enorme *enormous*	tratamiento *treatment*
particular *unique*	

2 **Foto** Describe the video still. Write at least three sentences in Spanish.

_____

_____

_____

_____

_____

_____

_____

3 **Predecir** Based on the still in the previous activity, what do you think this video episode is going to be about?

_____

_____

_____

Mientras ves el video

4 **Marcar** Check off the cognates you hear while watching the video.

_____ 1. abundante   _____ 4. contacto   _____ 7. estrés   _____ 10. extraordinario

_____ 2. arte   _____ 5. cultura   _____ 8. exceso   _____ 11. presente

_____ 3. color   _____ 6. diversa   _____ 9. exótico   _____ 12. región

Lección 3 Panorama cultural Video Activities   **83**

Después de ver el video

5   **Palabra correcta** The underlined words in these statements are incorrect. Write the correct word in the space provided.

1. El salar de Uyuni está al <u>norte</u> de Bolivia.

   La palabra correcta es: _____

2. La sal, sin exceso, es <u>mala</u> para las personas que sufren de enfermedades de los huesos.

   La palabra correcta es: _____

3. Los hoteles de esta región se hicieron con cuidado porque el contacto en exceso con la sal es <u>excelente</u> para la salud.

   La palabra correcta es: _____

4. Estos hoteles ofrecen a los huéspedes masajes y otros tratamientos para aliviar el <u>acné</u>.

   La palabra correcta es: _____

5. La sal se usa en Uyuni para <u>dañar</u> los alimentos.

   La palabra correcta es: _____

6. El salar de Uyuni parece un gran <u>parque</u> de color blanco.

   La palabra correcta es: _____

6   **Preferencias** Would you like to stay in a hotel where everything is made out of salt? In Spanish, give two reasons why you think you would like to stay in such a place and two more why you would not. Explain your reasons.

Razones por las que me gustaría:

_____

_____

_____

_____

_____

Razones por las que no me gustaría:

_____

_____

_____

_____

_____

_____

Repaso

1 **¿Subjuntivo o indicativo?** Write sentences, using the elements provided and either the subjunctive or the indicative, depending on the cues and context.

1. Jorge / esperar / su madre / conseguir un trabajo pronto

_____

2. (nosotros) / no negar / la clase de matemáticas / ser difícil

_____

3. ser imposible / una casa nueva / costar tanto dinero

_____

4. ustedes / alegrarse / la fiesta / celebrarse cerca de su casa

_____

5. ser una lástima / Laura / no poder venir con nosotros

_____

2 **En la escuela** You and your friends talk about the things you should or should not do to make the school experience a affirmative one. Use affirmative or negative **nosotros/as** commands to write logical sentences.

1. prepararse para todas las clases

_____

2. tomar solamente media hora para almorzar

_____

3. estudiar horas extras si es necesario

_____

4. llegar tarde por las mañanas

_____

5. ser amables con los nuevos estudiantes

_____

3 **Las conjunciones** Use the subjunctive or the indicative of the verbs in parentheses.

1. No quiero llegar a la fiesta después de que Marcelo _____ (irse).

2. Alicia siempre se levanta en cuanto _____ (sonar) el despertador.

3. No beban ese vino a menos que _____ (ser) una ocasión especial.

4. Olga y Lisa tocan a la puerta hasta que su madre las _____ (oír).

5. Cuando (tú) _____ (llamar) a la oficina, pregunta por Gustavo.

6. Lilia llega a los lugares sin que nadie le _____ (decir) cómo llegar.

4 **Hemos dicho** Complete the sentences with the present perfect indicative, past perfect indicative, or present perfect subjunctive of the verbs in parentheses. Use the English cues to decide on the tense.

1. El entrenador (*has given*) _____ (dar) muchas clases de ejercicios aeróbicos antes.

2. Nosotros nunca antes (*had passed*) _____ (pasar) por esta parte de la ciudad.

3. Quiero conocer a alguien que (*has studied*) _____ (estudiar) psicología.

4. En la clase de literatura, ustedes (*have read*) _____ (leer) varias novelas interesantes.

5. Mi madre nos (*had heard*) _____ (oír) decir antes que queríamos una motocicleta.

6. Necesitas hablar con personas que (*have been*) _____ (estar) en Cuba.

5 **Los países** Use the past participles of the verbs from the word bank to complete the sentences about the countries in **Panorama**. Use each verb only once.

compartir	convertir	fundar	llamar	nacer
conectar	escribir	hacer	mantener	reflejar

1. En Colombia, los objetos de oro precolombino estaban _____ con un gran cuidado.

2. Las creencias (*beliefs*) de los indígenas colombianos sobre el oro están _____ en sus objetos.

3. *Cien años de soledad* está _____ en el estilo literario del "realismo mágico".

4. _____ en Caracas, el científico Baruj Benacerraf ganó el Premio Nobel en 1980.

5. Desde los años cincuenta, Caracas se ha _____ en una ciudad cosmopolita.

6. El interior de Venezuela está _____ con Caracas por carreteras y autopistas.

7. Simón Bolívar, _____ "El Libertador", fue el líder de la independencia suramericana.

8. Los grupos quechua y aimará de Bolivia han _____ sus culturas y lenguas.

9. La música andina es _____ por Bolivia, Perú, Ecuador, Chile y Argentina.

10. Se piensa que el centro ceremonial de Tiahuanaco, en Bolivia, fue _____ hace 15.000 años.

6 **Los derechos civiles** On another sheet of paper, write a brief paragraph in Spanish about a minority group in the U.S., using these questions as a guide:

• What injustices or unfair conditions has this group suffered in the past?
• What were the lives of the members of this group like in the past?
• What are your opinions about the injustices that occurred?
• What are some advances that this group has made? Under what conditions do the members of this group live today?
• What do you hope for the future of this group?
• What should we as a society do about the disadvantaged status of many minority groups?

Contextos

1 **El anuncio** Answer the questions about this help-wanted ad, using complete sentences.

> **EMPRESA MULTINACIONAL BUSCA:**
> • Contador • Gerente • Secretario
>
> Salarios varían según la experiencia. Seguro[1] de salud, plan de jubilación[2] 401(k), dos semanas de vacaciones.
>
> Enviar currículum y carta de presentación por fax o por correo electrónico para concertar[3] una entrevista con el Sr. Martínez.
>
> [1]Insurance [2]retirement [3]schedule

1. ¿Cuántos puestos hay?

   _____

2. ¿Cuáles son los sueldos?

   _____

3. ¿Qué beneficios ofrece la empresa?

   _____

4. ¿Qué deben enviar los aspirantes?

   _____

5. ¿Quién es el señor Martínez?

   _____

6. ¿Dice el anuncio que hay que llenar una solicitud?

   _____
   _____

2 **Vida profesional** Complete the paragraph with items from the word bank.

anuncio	aspirante	currículum	entrevista	éxito	profesión	renunciar
ascenso	beneficios	empresa	entrevistadora	obtener	puesto	salario

Vi el (1) _____ en Internet. Se necesitaban personas para un

(2) _____ de editora en una pequeña (3) _____ que se

encontraba en el centro de la ciudad. Preparé mi (4) _____ con mucha atención y

lo envié por correo electrónico. Esa tarde me llamó la (5) _____, que se llamaba

la señora Piñeda. Me dijo que el (6) _____ que ofrecían no era demasiado alto,

pero que los (7) _____, como el seguro de salud, eran excelentes. Era una buena

oportunidad para (8) _____ experiencia. Fui a la oficina al día siguiente para

tener una (9) _____. Había otro (10) _____ en la sala de

espera cuando llegué. Ese día decidí (11) _____ a mi trabajo anterior (*previous*)

y desde entonces ejerzo (*I practice*) la (12) _____ de editora. ¡He tenido mucho

(13) _____!

3 **Una es diferente** Fill in the blank with the word that does not belong in each group.

1. ocupación, reunión, oficio, profesión, trabajo _____

2. pintor, psicólogo, maestro, consejero _____

3. arquitecta, diseñadora, pintora, bombera _____

4. invertir, currículum, corredor de bolsa, negocios _____

5. sueldo, beneficios, aumento, renunciar, ascenso _____

6. puesto, reunión, entrevista, videoconferencia _____

4 **Las ocupaciones** Fill in the blanks with the profession of the person who would make each statement.

1. "Decido dónde poner los elementos gráficos de las páginas de una revista".

_____

2. "Ayudo a las personas a resolver sus problemas. Hablan conmigo y buscamos soluciones".

_____

3. "Defiendo a mis clientes y les doy consejos legales".

_____

4. "Investigo las cosas que pasan y escribo artículos sobre los eventos".

_____

5. "Les doy clases a los niños en la escuela".

_____

6. "Hago experimentos y publico los resultados en una revista".

_____

5 **¿Quién lo usa?** Label each drawing with the profession associated with the objects.

1. _____   2. _____

3. _____   4. _____

6 Identificar Listen to each description and then complete the sentence by identifying the person's occupation.

> **modelo**
> *You hear:* La señora Ortiz enseña a los estudiantes. Ella es...
> *You write:* maestra.

1. _____.   3. _____.   5. _____.

2. _____.   4. _____.   6. _____.

7 Anuncios clasificados Look at the ads and listen to each statement. Then decide if the statement is **cierto** or **falso**.

```
EMPRESA
INTERNACIONAL
Busca
CONTADOR
Requisitos:
• Tenga estudios de
  administración de empresas
• Hable español e inglés
Se ofrece:
• Horario flexible
• Salario semanal de 700
  córdobas
• Posibilidades de ascenso

Contacto: Sr. Flores
Tel.: 492 2043
```

```
SE BUSCA DISEÑADOR
• Se ofrece un salario anual de 250.000
  córdobas.
• Excelentes beneficios
• Debe tener cinco años de experiencia.

Si está interesado, envíe currículum a
EMPRESA LÓPEZ
Fax: 342 2396
```

	Cierto	Falso			Cierto	Falso			Cierto	Falso
1.	○	○	3.		○	○	5.		○	○
2.	○	○	4.		○	○	6.		○	○

8 Publicidad Listen to this radio advertisement and answer the questions.

1. ¿Qué tipo de empresa es Mano a Obra?

2. ¿Qué hace esta empresa?

3. ¿Cuál es la ocupación del señor Mendoza?

4. ¿Qué le va a dar la empresa al señor Mendoza en un año?

5. ¿En qué profesiones se especializa (*specializes*) Mano a Obra?

Audio Activities

Lección 4

La entrevista de trabajo

Antes de ver el video

1   **Planes para el futuro**   Marissa, Jimena, Felipe, and Juan Carlos discuss their future plans in this episode. What do you think they will say?

_____

_____

_____

_____

_____

_____

_____

Mientras ves el video

2   **Planes y profesiones**   Watch **La entrevista de trabajo**. Then indicate who makes each statement, and fill in the blanks with the missing words.

_____ 1. Cuando yo termine la carrera, a ti ya te habrán despedido de tu

segundo _____.

_____ 2. Con el título de administrador de empresas, seré _____.

_____ 3. Estoy muy feliz de poder ayudarte con _____.

_____ 4. Quiero trabajar en un museo y ser un _____ famoso.

_____ 5. Él será un excelente _____.

3   **Las profesiones**   Place a check mark beside the professions mentioned.

____ 1. arqueóloga   ____ 4. hombre de negocios

____ 2. política   ____ 5. reportero

____ 3. doctora   ____ 6. pintor

4   **Ordenar**   Number the following events from one to five, in the order they occur.

____ a. Marissa dice que no sabe cómo será su vida cuando tenga 30 años.

____ b. Miguel le da su currículum a la señora Díaz.

____ c. La señora Díaz dice que Miguel es un pintor talentoso y un excelente profesor.

____ d. Juan Carlos dice que estudia ciencias ambientales.

____ e. Marissa dice que Felipe será un excelente hombre de negocios.

Video Activities: Fotonovela

Después de ver el video

5 **Preguntas** Answer the following questions in Spanish.

1. ¿Quiénes van a crear una compañía de asesores de negocios?

_____

2. ¿Qué será Jimena en el futuro?

_____

3. ¿Quién trabaja en el Palacio de Bellas Artes desde hace cinco años?

_____

4. ¿Quién quiere seguir estudiando historia del arte?

_____

5. ¿Quién fue aceptada en el Museo de Antropología?

_____

6 **En tu opinión** Answer the following questions in Spanish.

1. En tu opinión, ¿cuál de los personajes (*characters*) va a tener la profesión más interesante?
Explica tu respuesta. _____

_____

2. ¿Cuál de los personajes será el/la más rico/a? Explica tu opinión. _____

_____

3. ¿Cuál de los personajes será el/la más famoso/a? Explica tu opinión. _____

_____

4. ¿Cuál de los personajes será el/la más feliz? _____

_____

5. ¿Cuáles de los personajes van a lograr sus metas (*achieve their goals*)? Explica tu opinión.

_____

7 **Tus planes** Write a description of what your life will be like in five years. Don't forget to mention your family, friends, residence, hobbies, and occupation.

_____

_____

_____

_____

_____

_____

_____

Pronunciación

Intonation

Intonation refers to the rise and fall in the pitch of a person's voice when speaking. Intonation patterns in Spanish are not the same as those in English, and they vary according to the type of sentence.

In normal statements, the pitch usually rises on the first stressed syllable.

A **mí** me ofrecieron un ascenso.   **Ca**da aspirante debe entregar una solicitud.

In exclamations, the pitch goes up on the first stressed syllable.

¡Oja**lá** venga!   ¡**Cla**ro que sí!

In questions with *yes* or *no* answers, the pitch rises to the highest level on the last stressed syllable.

¿Trajiste el cu**rrí**culum?   ¿Es usted arqui**tec**to?

In questions that request information, the pitch is highest on the stressed syllable of the interrogative word.

¿**Cuán**do renunciaste al trabajo?   ¿**Cuál** es su número de teléfono?

1

Práctica Repeat each sentence after the speaker, imitating the intonation.

1. ¿Vas a venir a la reunión?
2. ¿Dónde trabajaba anteriormente?
3. ¡Qué difícil!
4. Estoy buscando un nuevo trabajo.
5. Quiero cambiar de profesión.
6. ¿Te interesa el puesto?

2

Oraciones When you hear the number, say the speaker's lines in this dialogue aloud. Then listen to the speaker and repeat the sentences.

1. **REPARTIDOR (*DELIVERY MAN*)** Trabajo para la Compañía de Transportes Alba. ¿Es usted el nuevo jefe?
2. **JEFE** Sí. ¿Qué desea?
3. **REPARTIDOR** Aquí le traigo los muebles de oficina. ¿Dónde quiere que ponga el escritorio?
4. **JEFE** Allí delante, debajo de la ventana. ¡Tenga cuidado! ¿Quiere romper la computadora?
5. **REPARTIDOR** ¡Perdón! Ya es tarde y estoy muy cansado.
6. **JEFE** Perdone usted, yo estoy muy nervioso. Hoy es mi primer día en el trabajo.

3

Dictado You will hear a phone conversation. Listen carefully and write what you hear during the pauses. The entire conversation will then be repeated so that you can check your work.

PACO _____

_____

ISABEL _____

_____

PACO _____

_____

ISABEL _____

_____

PACO _____

_____

Estructura

4.1 The future

1   **Responder** One of your classmates asks a lot of questions. Answer his or her questions with the future tense and the words in parentheses.

> **modelo**
>
> ¿Qué vas a hacer hoy? (la tarea)
> Haré la tarea hoy.

1. ¿Cuándo vamos al partido de béisbol? (el jueves)

   _____

2. ¿Cuántas personas va a haber en la clase de historia? (treinta)

   _____

3. ¿A qué hora vas a venir a mi casa? (a las cuatro)

   _____

4. ¿Qué va a ser tu hermano? (arquitecto)

   _____

5. ¿Con quién va a salir Juan? (Amanda)

   _____

6. ¿Quiénes van a estar en la fiesta del viernes? (muchos amigos)

   _____

2   **A los 30 años** Some friends in their late teens are talking about what they think they will be doing when they turn 30 years old. Complete the conversation with the correct form of the verbs in parentheses.

LETI   Cuando tenga 30 años (1) _____ (ser) una arqueóloga famosa.

      Yo (2) _____ (saber) mucho sobre las ruinas indígenas

      muy importantes.

SERGIO   Yo (3) _____ (tener) un programa de viajes en la televisión. Mi cámara

      de video y yo (4) _____ (visitar) lugares hermosos y muy interesantes.

SUSI   Entonces (tú) (5) _____ (venir) a visitarme a mi restaurante de comida

      caribeña que (6) _____ (abrir) en Santo Domingo, ¿verdad? *El Sabor*

      Dominicano (7) _____ (tener) los mejores platos tradicionales y otros

      creados (*created*) por mí.

SERGIO   Claro que sí, (8) _____ (ir) a comer las especialidades y

      (9) _____ (recomendarlo) a mis telespectadores (*viewers*). También (tú y

      yo) (10) _____ (poder) visitar a Leti en sus expediciones.

LETI   Sí, Susi (11) _____ (cocinar) platos exóticos en medio de la selva y todos

      nosotros (12) _____ (disfrutar) de su deliciosa comida.

Lección 4

3 **Será así** Rewrite each sentence to express probability with the future tense. Each sentence should start with a verb in the future tense.

> **modelo**
> Creemos que se llega por esta calle.
> *Se llegará por esta calle.*

1. Es probable que sea la una de la tarde.

_____

2. Creo que ellas están en casa.

_____

3. Estamos casi seguros de que va a nevar hoy.

_____

4. Es probable que ellos vayan al cine luego.

_____

5. Creo que estamos enfermos.

_____

4 **Fin de semana entre amigos** Rosa, one of your friends, is telling you about some of the activities she has planned for this weekend. Write complete sentences to describe each image. Then keep using the future tense to write two activities that you will do this weekend.

sábado por la mañana / nosotros   después / ustedes   mientras / yo

1. _____ 2. _____ 3. _____

_____ _____

por la noche / Julio, Lisa y Cata domingo por la mañana / yo domingo por la tarde / nosotros

4. _____ 5. _____ 6. _____

_____ _____

7. _____

8. _____

5 **Identificar** Listen to each sentence and mark an **X** in the column for the subject of the verb.

> **modelo**
> *You hear:* Iré a la reunión.
> *You mark:* an **X** under **yo**.

	yo	tú	ella	nosotros	ustedes
Modelo	X				
1.					
2.					
3.					
4.					
5.					
6.					
7.					
8.					

6 **Cambiar** Change each sentence you hear to the future tense. Repeat the correct answer after the speaker. (*8 items*)

> **modelo**
> Ellos van a salir pronto.
> Ellos *saldrán pronto.*

7 **Contestar** Answer each question you hear using the cue. Repeat the correct response after the speaker.

> **modelo**
> *You hear:* ¿Con quién saldrás esta noche?
> *You see:* Javier
> *You say:* Yo saldré con Javier.

1. no / nada
2. el lunes por la mañana
3. Santo Domingo
4. esta noche
5. 2:00 de la tarde
6. sí
7. de periodista
8. la próxima semana

Lección 4

Communication Activities

ESTUDIANTE 1

El futuro de Cristina Aquí tienes una serie incompleta de dibujos sobre el futuro de Cristina. Tú y tu compañero/a tienen dos series diferentes. Háganse preguntas y respondan de acuerdo a los dibujos para completar la historia.

> **modelo**
>
> **Estudiante 1:** ¿Qué hará Cristina en el año 2025?
> **Estudiante 2:** Ella se graduará en el año 2025.

Ahora, con tu compañero/a, imaginen lo que harán ustedes en los siguientes años. Utilicen estos verbos: **hacer, poder, poner, querer, saber, salir, tener** y **venir.**

1. 2030: _____

2. 2035: _____

3. 2045: _____

4. 2055: _____

8 ESTUDIANTE 2

El futuro de Cristina Aquí tienes una serie incompleta de dibujos sobre el futuro de Cristina. Tú y tu compañero/a tienen dos series diferentes. Háganse preguntas y respondan de acuerdo a los dibujos para completar la historia.

> **modelo**
>
> **Estudiante 1:** ¿Qué hará Cristina en el año 2025?
> **Estudiante 2:** Ella se graduará en el año 2025.

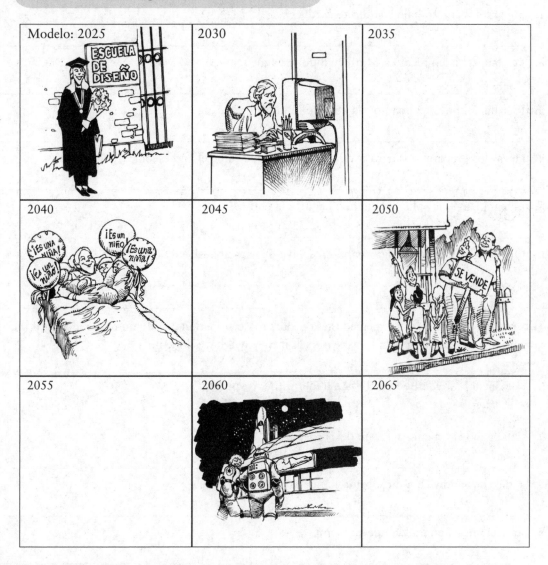

Ahora, con tu compañero/a, imaginen lo que harán ustedes en los siguientes años. Utilicen estos verbos: **hacer, poder, poner, querer, saber, salir, tener** y **venir.**

1. 2030: _____

2. 2035: _____

3. 2045: _____

4. 2055: _____

4.2 The future perfect

1 **Optimista** Miguel is answering an e-mail from his friend Jorge. Answer Jorge's questions, saying that the people will have already done these things by the time indicated. Use the future perfect.

> **modelo**
> ¿Me enviarás un mensaje cuando llegues a Mérida?
> *No, ya te habré enviado un mensaje cuando llegue a Mérida.*

1. ¿Encontrarás un trabajo cuando te gradúes?

_____

2. ¿Le comprarás un regalo a Maru cuando te paguen?

_____

3. ¿Escribirá el Sr. Díaz una novela cuando se jubile?

_____

4. ¿Harás los preparativos para ir a España cuando termine el año escolar (*school year*)?

_____

5. ¿Llenará David la solicitud cuando llegue a la entrevista?

_____

6. ¿Olvidaré a mi mejor amiga cuando me vaya de vacaciones?

_____

2 **¿Lo habrá hecho?** You expected these people to do something, and you're wondering if they have done it. Use the future perfect to ask yourself if they will have done it.

> **modelo**
> Le dije a Marcia que Pedro iba a llegar tarde. (esperar)
> *¿Lo habrá esperado?*

1. Alma le dio el artículo a Javier. (leer)

_____

2. Le dejé un sándwich a mi sobrino para el almuerzo. (comer)

_____

3. Mariela quería una falda nueva. (comprar)

_____

4. Rita iba a recoger a Julio al aeropuerto. (hacer)

_____

5. Ellas sí saben la verdad. (decir)

_____

6. Benito no fue a la oficina por una semana. (despedir)

_____

3 **¿Lógico o ilógico?** You will hear some brief conversations. Indicate if they are **lógico** or **ilógico**.

	Lógico	Ilógico			Lógico	Ilógico
1.	○	○		5.	○	○
2.	○	○		6.	○	○
3.	○	○		7.	○	○
4.	○	○		8.	○	○

4 **Cambiar** Change each sentence from the future to the future perfect. Repeat the correct response after the speaker. (*8 items*)

> modelo
>
> Yo ganaré un millón de dólares.
> Yo habré ganado un millón de dólares.

5 **Preguntas** Look at the time line, which shows future events in Sofía's life, and answer each question you hear. Then repeat the correct response after the speaker. (*5 items*)

> modelo
>
> *You hear:* ¿Qué habrá hecho Sofía en el año 2020?
> *You see:* 2020 / graduarse
> *You say:* En el año 2020 Sofía se habrá graduado.

2020 2021   2025 2026   2029   2055

graduarse   casarse   tener un hijo   jubilarse
   encontrar   comprar
   trabajo   casa

6 **Planes futuros** Listen to this conversation between Germán and Vivian. Then choose the correct answer for each question.

1. ¿Qué va a pasar dentro de un mes?
   a. Se habrá acabado el semestre.
   b. Germán se habrá puesto nervioso.

2. ¿Qué habrá hecho el novio de Vivian?
   a. Se habrá ido de viaje.
   b. Habrá hecho las reservaciones.

3. Normalmente, ¿qué hace Germán durante las vacaciones?
   a. Él trabaja en la empresa de su familia.
   b. Él se va a Santo Domingo.

4. ¿Qué puesto habrá conseguido Germán dentro de dos años?
   a. Él será jefe de arquitectos.
   b. Él será gerente de un banco.

5. ¿Por qué dice Vivian que Germán no debe pensar tanto en el futuro?
   a. porque ahora necesita preocuparse por los exámenes
   b. porque en el futuro no tendrá tiempo para ir de vacaciones

Audio Activities

7

Encuesta Pregúntales a tres compañeros/as para cuándo habrán hecho las cosas relacionadas con sus futuras carreras que se mencionan en la lista. Toma nota de las respuestas y luego comparte con la clase la información que obtuviste.

modelo

Estudiante 1: ¿Para cuándo habrás terminado tus estudios, Carla?
Estudiante 2: Para el año que viene, habré terminado mis estudios.
Estudiante 1: Carla habrá terminado sus estudios para el año que viene.

Actividades	Nombre	Nombre	Nombre
1. elegir una carrera			
2. aprender a escribir un buen currículum			
3. comenzar a desarrollar contactos con empresas			
4. decidir el tipo de puesto que quiere			
5. ¿?			
6. ¿?			

4.3 The past subjunctive

1 **Si pudiera** Complete the sentences with the past subjunctive forms of the verbs in parentheses.

1. El arqueólogo se alegró de que todos _____ (hacer) tantas preguntas.

2. Mi madre siempre quiso que yo _____ (estudiar) arquitectura.

3. Te dije que cuando (tú) _____ (ir) a la entrevista, llevaras tu currículum.

4. Tal vez no fue una buena idea que nosotros le _____ (escribir) esa carta.

5. Era una lástima que su esposo _____ (tener) que trabajar tanto.

6. Luisa dudaba que ese empleo _____ (ser) su mejor alternativa.

7. Era probable que Francisco _____ (llevarse) mal con sus jefes.

8. Laura buscaba intérpretes que _____ (saber) hablar inglés.

9. Ustedes no estaban seguros de que el gerente _____ (conocer) al contador.

10. Fue extraño que Daniela y tú _____ (solicitar) el mismo puesto.

2 **Si...** Daniel is talking to himself about the things that would make him happier. Complete his statements with the past subjunctive form of the verbs in parentheses. Then draw a portrait of yourself and write five sentences describing things that would make you happier. Try to use as many singular and plural forms as you can.

Sería (*I would be*) más feliz si...

1. (yo) _____ (ver) a mi mejor amigo todos los días.

2. mis abuelos _____ (venir) a mi ciudad a visitarme.

3. mi novia _____ (querer) hacer un viaje conmigo.

4. (yo) _____ (tener) una computadora más moderna.

5. mis nuevos amigos y yo _____ (viajar) juntos otra vez.

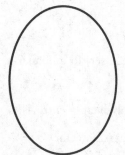

Sería más feliz si...

6. _____

7. _____

8. _____

9. _____

10. _____

3 **Chisme (*gossip*)** You overhear some coworkers gossiping about what's going on in the office, and they don't always agree. Complete their conversation so that the second sentence says the opposite of the first one.

> **modelo**
>
> Nadie dudaba que el candidato era muy bueno.
> Nadie estaba seguro de que *el candidato fuera muy bueno.*

1. *Nadie dudaba* que el ascenso de Andrés fue justo (*fair*).

   No estabas seguro de que _____.

2. *Era obvio* que todos los participantes sabían usar las computadoras.

   No fue cierto que _____.

3. *Raquel estaba segura de* que las reuniones no servían para nada.

   Pablo dudaba que _____.

4. *Fue cierto* que Rosa tuvo que ahorrar mucho dinero para invertirlo.

   No fue verdad que _____.

5. *No hubo duda* de que la videoconferencia fue un desastre (*disaster*).

   Tito negó que _____.

6. *No negamos* que los maestros recibieron salarios bajos.

   La directora negó que _____.

4 **El trabajo** Complete the conversation with the past subjunctive, the preterite, or the imperfect of the verbs in parentheses as appropriate.

MARISOL ¡Hola, Pepe! Me alegré mucho de que (tú) (1) _____ (conseguir) el trabajo de arquitecto.

PEPE Sí, aunque fue una lástima que (yo) (2) _____ (tener) que renunciar a mi puesto anterior.

MARISOL No dudé que (3) _____ (ser) una buena decisión.

PEPE No estaba seguro de que este puesto (4) _____ (ser) lo que quería, pero está muy bien.

MARISOL Estoy segura de que (tú) (5) _____ (hacer) muy bien la entrevista.

PEPE Me puse un poco nervioso, sin que eso (6) _____ (afectar) mis respuestas.

MARISOL Sé que ellos necesitaban a alguien que (7) _____ (tener) tu experiencia.

PEPE Es verdad que ellos (8) _____ (necesitar) a muchas personas para la oficina nueva.

Síntesis

Write a two-part plan for your future.

• For the first part, write all of the things that you plan or wish to do with your life, using the future tense. Decide which things you will have accomplished by what age, using the future perfect. For example, "**A los veinticinco años, ya habré escrito un libro en negocios**".

• For the second part, imagine that you are elderly and reflecting on your life. What do you think of your accomplishments? At the time, what were you glad about, sorry about, scared about, annoyed about, and unsure about? What did you hope for and what did you deny yourself at the time? Use the preterite and the imperfect with the past subjunctive to write the story of your life.

_____

_____

_____

_____

_____

_____

_____

_____

_____

_____

_____

_____

_____

_____

_____

_____

_____

_____

_____

_____

_____

_____

_____

_____

_____

_____

_____

_____

5 **Identificar** Listen to the following verbs. Mark **Sí** if the verb is in the past subjunctive and **No** if it is in another tense.

1.	Sí	No	7.	Sí	No
2.	Sí	No	8.	Sí	No
3.	Sí	No	9.	Sí	No
4.	Sí	No	10.	Sí	No
5.	Sí	No	11.	Sí	No
6.	Sí	No	12.	Sí	No

6 **Cambiar** Form a new sentence using the cue you hear. Repeat the correct answer after the speaker. (*8 items*)

modelo
Marisa quería que yo dejara el trabajo. (mi hermana)
Marisa **quería que mi hermana dejara el trabajo.**

7 **Completar** Complete each phrase you hear using the cue and the past subjunctive. Repeat the correct response after the speaker.

modelo
You hear: Esperábamos que tú...
You see: seguir otra carrera
You say: Esperábamos **que tú siguieras otra carrera.**

1. ir a renunciar al puesto
2. darte el aumento
3. invertir en su empresa
4. saber la verdad
5. poner un anuncio en los periódicos
6. llegar temprano al trabajo
7. ofrecerles mejores beneficios
8. gastar menos dinero

ESTUDIANTE 1

La entrevista El mes pasado tu profesor(a) te dio ocho consejos de lo que **SÍ** debes hacer en tu próxima entrevista de trabajo. A tu compañero/a le dio ocho consejos de lo que **NO** debe hacer. Averígualos (*Find out what they are*) y toma notas. Sigue el modelo. Tú empiezas, pero antes de empezar, añade dos consejos más a tu lista.

> **modelo**
>
> **Consejo:** No llegues tarde.
> **Estudiante 1:** ¿Qué te aconsejó el/la profesor(a) que no hicieras?
> **Estudiante 2:** Me aconsejó que no llegara tarde.

- Infórmate bien sobre la empresa.
- Sé agradable con el/la entrevistador(a).
- Muestra interés por la empresa.
- Habla sobre tu proyecto profesional.
- Escucha atentamente cada pregunta.
- Responde a las preguntas con naturalidad y seguridad.
- Haz preguntas pertinentes al puesto y a la empresa.
- Menciona tus logros (*achievements*) y experiencias profesionales.
- ¿? _____
- ¿? _____

Ahora, escribe los diez consejos que aprendiste de tu compañero/a para completar tu lista.

1. No llegues tarde.
2. _____
3. _____
4. _____
5. _____
6. _____
7. _____
8. _____
9. _____
10. _____

Lección 4

Communication Activities

8 ESTUDIANTE 2

La entrevista El mes pasado tu profesor(a) te dio ocho consejos de lo que **NO** debes hacer en tu próxima entrevista de trabajo. A tu compañero/a le dio ocho consejos de lo que **SÍ** debe hacer. Averígualos (*find out what they are*) y toma notas. Sigue el modelo. Tu compañero/a empieza, pero antes de empezar, añade dos consejos más a tu lista.

> **modelo**
>
> **Consejo:** Infórmate bien sobre la empresa.
> **Estudiante 2:** Y a ti, ¿qué te aconsejó el/la profesor(a) que hicieras?
> **Estudiante 1:** A mí me aconsejó que me informara bien sobre la empresa.

- No llegues tarde.
- No lleves bluejeans.
- No uses perfume/agua de colonia (*cologne*).
- No llegues bebiendo ni café ni un refresco.
- No te muestres nervioso/a.
- No pongas cara de miedo.
- No digas mentiras.
- No hables mal de nadie.
- ¿ ? _____
- ¿ ? _____

Ahora, escribe los diez consejos que aprendiste de tu compañero/a para completar tu lista.

1. Infórmate bien sobre la empresa.
2. _____
3. _____
4. _____
5. _____
6. _____
7. _____
8. _____
9. _____
10. _____

Escritura

Estrategia
Using note cards

Note cards serve as valuable study aids in many different contexts. When you write, note cards can help you organize and sequence the information you wish to present.

Let's say you are going to write a personal narrative about a trip you took. You would jot down notes about each part of the trip on a different note card. Then you could easily arrange them in chronological order or use a different organization, such as the best parts and the worst parts, traveling and staying, before and after, etc.

Here are some helpful techniques for using note cards to prepare for your writing:

▶ Label the top of each card with a general subject, such as **el avión** or **el hotel**.
▶ Number the cards in each subject category in the upper right corner to help you organize them.
▶ Use only the front side of each note card so that you can easily flip through them to find information.

Study the following example of a note card used to prepare a composition:

El hotel en Santo Domingo   4

Cuando llegamos al hotel, nuestra habitación no estaba lista. Pero el gerente del hotel nos permitió usar la piscina mientras esperábamos. ¡Lo pasamos muy bien!

Tema
Escribir una composición

Antes de escribir

1. Vas a escribir una composición sobre tus planes profesionales y personales para el futuro.

2. Debes organizar tus ideas usando fichas (*note cards*). Tendrás cinco categorías de ficha:

   (1) Lugar
   (2) Familia
   (3) Empleo
   (4) Finanzas
   (5) Metas (*goals*) profesionales

3. Para cada categoría, escribe tus ideas en las fichas. Usa una ficha para cada idea. Pon también el número de la categoría en la ficha.

4. Usa estas preguntas para pensar en ideas para tus fichas.

   (1) Lugar: ¿Dónde vivirás? ¿Vivirás en la misma ciudad siempre? ¿Te mudarás mucho?
   (2) Familia: ¿Te casarás? ¿Con quién? ¿Tendrás hijos? ¿Cuántos?
   (3) Empleo: ¿En qué profesión trabajarás? ¿Tendrás tu propia empresa?
   (4) Finanzas: ¿Ganarás mucho dinero? ¿Ahorrarás mucho dinero? ¿Lo invertirás?
   (5) Metas profesionales: ¿Qué habrás hecho para el año 2020? ¿Para el 2030? ¿Para el 2050?

Lección 4

5. Mira este ejemplo de una ficha para la categoría número 1.

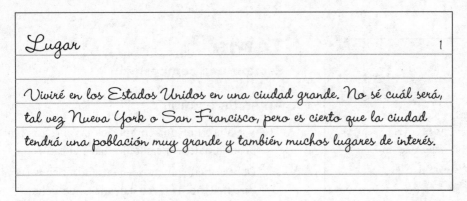

Lugar   1

Viviré en los Estados Unidos en una ciudad grande. No sé cuál será,
tal vez Nueva York o San Francisco, pero es cierto que la ciudad
tendrá una población muy grande y también muchos lugares de interés.

6. Después de anotar todas tus ideas en las fichas, organízalas según las cinco categorías. Ahora, cuando escribas tu composición, tendrás todas tus ideas listas.

Escribir

1. Usa las fichas para escribir tu composición. Escribe cinco párrafos cortos, usando cada categoría como tema de párrafo.

2. Verifica el uso correcto del tiempo futuro y del futuro perfecto mientras escribes.

Después de escribir

1. Intercambia tu borrador con un(a) compañero/a de clase. Coméntalo y contesta estas preguntas.

   ▶ ¿Incluyó tu compañero/a cinco párrafos que corresponden a las cinco categorías de información?

   ▶ ¿Contestó él/ella algunas de las preguntas de la lista que aparece en la sección Antes de escribir?

   ▶ ¿Usó él/ella bien las formas del futuro y del futuro perfecto?

   ▶ ¿Qué detalles añadirías (*would you add*)? ¿Cuáles quitarías (*would you delete*)? ¿Qué otros comentarios tienes para tu compañero/a?

2. Revisa tu narración según los comentarios de tu compañero/a. Después de escribir la versión final, léela otra vez para eliminar errores de:

   ▶ ortografía

   ▶ puntuación

   ▶ uso de letras mayúsculas y minúsculas

   ▶ concordancia entre sustantivos y adjetivos

   ▶ uso de verbos en el futuro y el futuro perfecto

   ▶ uso de **ser** y **estar**

Writing Activities

El mundo del trabajo

Antes de ver el video

1 **Más vocabulario** Look over these useful words before you watch the video.

Vocabulario útil		
el desarrollo *development*	(ser) exitoso/a *(to be)*	la madera *wood*
el destino *destination*	*successful*	el nivel *level*
la elevación *height*	la fidelidad *loyalty*	la oportunidad *opportunity*

2 **Emparejar** Match each definition to the appropriate word.

_____ 1. alguien o algo que tiene muy buena aceptación   a. elevación

_____ 2. meta, punto de llegada   b. madera

_____ 3. conveniencia de tiempo y de lugar   c. desarrollo

_____ 4. Es la parte sólida de los árboles cubierta por la corteza (*bark*).   d. exitoso

_____ 5. Es la altura que algo alcanza, o a la que está colocado.   e. nivel

_____ 6. Es la distancia vertical de un punto de la tierra respecto al nivel del mar.   f. destino

_____ 7. progreso; crecimiento económico, social, cultural o político   g. fidelidad

_____ 8. Es la lealtad que alguien debe a otra persona.   h. oportunidad

3 **¡En español!** Look at the video still. Imagine what Mónica will say about jobs in Ecuador and write a two- or three-sentence introduction to this episode.

Mónica Díaz, Ecuador

Hola, los saluda Mónica... _____

_____

_____

_____

_____

_____

Mientras ves el video

4 **Marcar** Check off what you see while watching the video.

_____ 1. vendedor de periódicos   _____ 6. hombre policía

_____ 2. payaso (*clown*)   _____ 7. médico

_____ 3. dentista   _____ 8. pintora

_____ 4. heladero   _____ 9. artesano

_____ 5. barrendera (*street sweeper*)   _____ 10. mesero

5 **Impresiones** Listen to what these people say, and match the captions to the appropriate person.

1. ___   2. ___   3. ___

a. Claro que sí. Soy la jefa.

b. Odio mi trabajo. Me pagan poquísimo (*very little*) y, aparte, mi jefa es súper fastidiosa...

c. Lo que más me gusta de trabajar en Klein Tours es que ayudamos al desarrollo de nuestro país.

d. Bueno, la persona que quiera estar conmigo deberá recibirme con mi profesión, ya que yo no tengo un horario de oficina normal.

Después de ver el video

6 **¿Cierto o falso?** Indicate whether each statement is **cierto** or **falso**. Correct the false statements.

1. Quito es una de las capitales de mayor elevación del mundo. _____

2. La mujer policía trabaja desde muy temprano en la mañana. _____

3. La peluquería de don Alfredo está ubicada en la calle García Moreno, debajo del Mercado Central en el centro de Quito. _____

4. La profesión de don Alfredo es una tradición familiar. _____

5. Klein Tours es una agencia de viajes especializada solamente en excursiones a las islas Galápagos.

   _____

6. Las principales áreas de trabajo de Klein Tours son ventas, operaciones, *marketing* y el área administrativa. _____

7 **Escribir** Choose a profession that you would like to work in from the following list. Then, write three **ventajas** and three **desventajas** for that profession.

artista	enfermero/a	peluquero/a
barrendero/a	mesero/a	policía
dentista	payaso/a	vendedor/a

Ventajas	Desventajas
1. _____	1. _____
2. _____	2. _____
3. _____	3. _____

Panorama

Nicaragua

1 **Datos nicaragüenses** Complete the sentences with information about Nicaragua.

1. Nicaragua, del tamaño (*size*) de Nueva York, es el país más grande de _____.

2. Managua es inestable geográficamente, con muchos _____ y _____.

3. Las _____ de Acahualinca son uno de los restos prehistóricos más famosos

   y antiguos de Nicaragua.

4. Desde joven, Ernesto Cardenal trabajó por establecer la _____ y la

   _____ en su país.

5. En los años 60, Cardenal estableció la comunidad artística del archipiélago de _____.

6. Ernesto Cardenal participó en la fundación de la organización _____.

7. Se cree que la isla _____ era un centro ceremonial indígena.

8. El nombre de la isla _____ significa "dos montañas" en náhuatl.

2 **El mapa** Label the map of Nicaragua.

1. _____

2. _____

3. _____

4. _____

5. _____

6. _____

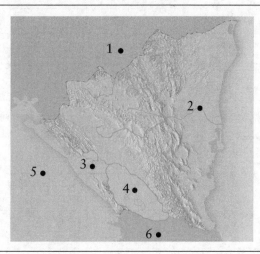

3 **Datos rápidos** Identify the items and people described.

1. capital de Nicaragua _____

2. moneda nicaragüense _____

3. idiomas oficiales de Nicaragua _____

4. poeta nicaragüense nacido en el siglo XIX _____

5. política y ex presidenta nicaragüense _____

6. político y presidente nicaragüense _____

7. mujer poeta nicaragüense del siglo XX _____

8. poeta y sacerdote que fue ministro de cultura _____

Panorama: Nicaragua

Antes de ver el video

1 **Más vocabulario** Look over these useful words and expressions before you watch the video.

Vocabulario útil		
artesanías *handicrafts, craft work*	dioses *gods*	ofrendas *offerings*
atractivos *attractions*	laguna *lagoon*	venado *deer*
burlarse de *to make fun of*	obras artesanales *handicrafts*	venerar *to worship*

2 **Categorías** Categorize the words listed in the word bank.

artesanales	creían	famosa	pueblo	significan
autoridades	deriva	habitantes	reciente	tradicionales
bailan	enojados	laguna	región	venden
capital	extensas	políticos		

Lugares	Personas	Verbos	Adjetivos

Mientras ves el video

3 **Marcar** Check off the verbs you hear while watching the video.

_____ 1. bailan   _____ 5. correr   _____ 9. jugar

_____ 2. burlan   _____ 6. creían   _____ 10. venden

_____ 3. calmar   _____ 7. deriva   _____ 11. veneraban

_____ 4. comer   _____ 8. estudiar   _____ 12. ver

Después de ver el video

4 **Emparejar** Find the items in the second column that correspond to the ones in the first.

_____ 1. erupciones del volcán Masaya en los últimos 500 años

_____ 2. Los indígenas les daban esto a los dioses para calmar al volcán.

_____ 3. *mazalt* y *yan*

_____ 4. Pasaba cuando los dioses estaban enojados.

_____ 5. el Torovenado

a. una celebración

b. ofrendas

c. El volcán hacía erupción.

d. nombre *Masaya* en lengua indígena

e. diecinueve

5 **Respuestas** Answer the questions in Spanish. Use complete sentences.

1. ¿Cómo se llama el pueblo donde está situada la laguna de Masaya? _____

_____

2. ¿De dónde se deriva el nombre *Masaya*? _____

_____

3. ¿Cuál es la fiesta más importante que se celebra en Masaya? _____

_____

4. ¿De quiénes se burlan los habitantes en estas fiestas? _____

_____

5. ¿Por qué se conoce a Masaya como la capital del folclor nicaragüense? _____

_____

6. ¿Qué venden en el mercado, además de frutas y verduras? _____

_____

6 **Escribir** Write a short summary of this video in Spanish.

_____

_____

_____

_____

_____

_____

_____

_____

_____

_____

Panorama

La República Dominicana

1 **¿Cierto o falso?** Indicate if each statement is **cierto** or **falso**. Then correct the false statements.

1. La República Dominicana y Haití comparten la isla La Española.

_____

2. La Fortaleza Ozama fue la tercera fortaleza construida en las Américas.

_____

3. La República Dominicana fue el primer país hispano en tener una liga de béisbol.

_____

4. Hoy día el béisbol es una afición nacional dominicana.

_____

5. El merengue es un tipo de música de origen dominicano que tiene sus raíces en el campo.

_____

6. El merengue siempre ha sido popular en las ciudades y ha tenido un tono urbano.

_____

2 **Datos dominicanos** Complete the sentences with information about the Dominican Republic.

1. Los idiomas que se hablan en la República Dominicana son el _____ y el

_____.

2. _____ fue un político dominicano y padre de la patria en el siglo XIX.

3. Las señoras de la corte del Virrey de España paseaban por la _____.

4. El béisbol es un deporte muy practicado en todos los países del mar _____.

5. _____ y David Ortiz son dos beisbolistas dominicanos exitosos.

6. La _____ es un tambor característico de la República Dominicana.

7. Entre los años 1930 y 1960 se formaron las grandes _____ de merengue.

8. Uno de los cantantes más famosos de merengue dominicano es _____.

3 **En imágenes** Label these photos appropriately.

1. _____   2. _____

Panorama: La República Dominicana

Antes de ver el video

4 **Más vocabulario** Look over these useful words and expressions before you watch the video.

Vocabulario útil	
crear *to create, to form*	**papel** *role*
emigrantes *emigrants*	**ritmos** *rhythms*
fiestas nacionales *national festivals*	**tocar (música)** *to play (music)*

5 **Preguntas** This video talks about two musical genres famous in the Dominican Republic. In preparation for watching the video, answer these questions.

1. ¿Cuál es el género (*genre*) musical estadounidense con más fama internacional? _____

_____

2. ¿Te gusta esta música? ¿Por qué? _____

_____

Mientras ves el video

6 **Marcar** Check off the activities and places you see in the video.

_____ 1. niños sonriendo

_____ 2. mujer vendiendo ropa

_____ 3. parejas bailando

_____ 4. hombre tocando el acordeón

_____ 5. niño jugando al fútbol

_____ 6. espectáculo de baile en teatro

_____ 7. bandera (*flag*) de la República Dominicana

_____ 8. mujer peinándose

_____ 9. bulevar (*boulevard*)

_____ 10. playa

Después de ver el video

7 **Corregir** The underlined words in these statements are incorrect. Write the correct words in the spaces provided.

1. Uno de los mejores ejemplos de la mezcla (*mix*) de culturas en la República Dominicana es la <u>arquitectura</u>.

   La palabra correcta es: _____

2. El Festival de Merengue se celebra en las <u>plazas</u> de Santo Domingo todos los veranos.

   La palabra correcta es: _____

3. La música de la República Dominicana está influenciada por la música tradicional de <u>Asia</u>.

   La palabra correcta es: _____

Lección 4 Panorama cultural Video Activities

Video Activities: *Panorama cultural*

4. En todo el país hay discotecas donde se toca y se baila la bachata y el <u>jazz</u>.

La palabra correcta es: _____

5. El veintisiete de febrero de cada año los dominicanos celebran el Día de la <u>Madre</u>.

La palabra correcta es: _____

6. La bachata y el merengue son ritmos <u>poco</u> populares en la República Dominicana.

La palabra correcta es: _____

---

5 **Emparejar** Find the items in the second column that correspond to the ones in the first.

_____ 1. Aquí la gente baila la bachata y el merengue.

_____ 2. Este músico recibió en 1966 la Medalla Presidencial.

_____ 3. *El Bachatón*

_____ 4. Juan Luis Guerra, Johnny Ventura y Wilfredo Vargas

_____ 5. La música dominicana recibió la influencia de estas personas.

a. Johnny Pacheco

b. varios de los muchos músicos de bachata y merengue con fama internacional

c. los indígenas que vivían en la región

d. las discotecas de la ciudad

e. En este programa de televisión sólo se toca la bachata.

---

6 **Seleccionar** Select the sentence that best summarizes what you saw in this video.

_____ 1. Por muchos años, muchos emigrantes llegaron a la República Dominicana y crearon la actual cultura dominicana.

_____ 2. Todas las estaciones de radio tocan bachata y hay un programa de televisión muy popular dedicado exclusivamente a esta música, llamado *El Bachatón*.

_____ 3. Los ritmos más populares de la República Dominicana, la bachata y el merengue, son producto de varias culturas y forman parte integral de la vida de los dominicanos.

_____ 4. Una fiesta tradicional dominicana es el Festival de Merengue, que se celebra todos los veranos desde 1966 por las calles de Santo Domingo.

---

7 **Responder** Answer the questions in Spanish. Use complete sentences.

1. ¿Cuál es tu música favorita? ¿Por qué? _____

_____

2. ¿Dónde escuchas esta música? ¿Cuándo? _____

_____

3. ¿Quiénes son los intérpretes más famosos de esta música? ¿Cuál de ellos te gusta más? _____

_____

4. ¿Te gusta bailar? ¿Qué tipo de música bailas? _____

_____

5. ¿Es la música algo importante en tu vida? ¿Por qué? _____

_____

Contextos

1 **¿Qué es?** Match each title to a genre.

canción	dibujos animados	obra de teatro	orquesta	poema
danza	festival	ópera	película	programa de entrevistas

1. *Carmen* _____

2. *Romeo y Julieta* _____

3. *Jimmy Kimmel Live!* _____

4. *Los Simpson* _____

5. *El cuervo* (*raven*) _____

6. *Gravedad* _____

7. *El cascanueces* (nutcracker) _____

8. *Feliz Navidad* _____

2 **¿Qué tipo de película es?** Label the type of movie shown on each screen.

1. _____

2. _____

3. _____

4. _____

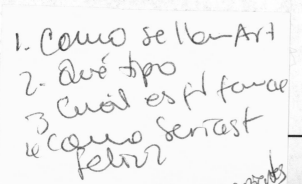

1. Como se llam Art
2. Qué tipo
3 Cuál es el famae
4 Como sentest
   feliz?

3 **Los artistas** Fill in each blank with the type of artist who would make the statement.

1. "Escribo obras de teatro para que las presenten al público". _____

2. "Dirijo a las estrellas y las cámaras para hacer películas". _____

3. "Trabajo con la computadora o con papel y pluma". _____

4. "Paso todo el día practicando las notas con mi instrumento". _____

5. "Soy muy famosa y estoy en las mejores películas". _____

6. "Me gusta escribir en versos, con palabras que riman (*rhyme*)". _____

7. "Hago grandes figuras de piedra de tres dimensiones". _____

8. "Sigo la música artísticamente con mi cuerpo". _____

9. "Pienso en la música y luego la escribo". _____

10. "Mi voz (*voice*) es mi instrumento". _____

4 **Las artes** Complete the newspaper article with the correct forms of the terms in the word bank.

artesanía	comedia	cultura	festival	moderno
clásico	cuento	escultura	folclórico	poema

Celebración de las artes

El (1) _____ artístico de la ciudad comenzó ayer y en él van a participar diferentes cantantes, grupos y orquestas. El viernes por la noche hay un concierto de música (2) _____ de la orquesta sinfónica de la ciudad. Tocarán la *Quinta sinfonía* de Beethoven. El sábado tocarán durante el día varios grupos de música (3) _____ de diferentes países. Será una oportunidad excelente para conocer más sobre diversas (4) _____. El sábado por la tarde habrá un espectáculo de baile expresivo, con música (5) _____. Además se exhibirá en los parques de la ciudad una serie de grandes (6) _____ al aire libre. Por la noche, en el Teatro Central, varios poetas le leerán sus (7) _____ al público. Finalmente, el domingo habrá una feria (*fair*) de (8) _____, donde se venderá cerámica y tejidos hechos a mano.

5 **Describir** For each drawing, you will hear a description. Decide whether it is **cierto** or **falso**.

1. Cierto   Falso   2. Cierto   Falso   3. Cierto   Falso

4. Cierto   Falso   5. Cierto   Falso   6. Cierto   Falso

6 **Identificar** You will hear four brief conversations. Choose the word from the list that identifies what they are talking about or where they are.

1. _____   a. la orquesta
2. _____   b. el poema
3. _____   c. el tejido
4. _____   d. la cerámica
                                 e. los dibujos animados
                                 f. el concurso

7 **La programación** Listen to this announcement about this afternoon's TV programs. Then answer the questions.

1. ¿Qué canal ofrece estos programas?

_____

2. ¿Qué programa empieza a las cuatro de la tarde?

_____

3. ¿Qué tipo de programa es *De tú a tú*?

_____

4. ¿Quién es Juan Muñoz?

_____

5. ¿Qué tipo de película es *Corazón roto*?

_____

8 ESTUDIANTE 1

Crucigrama (*Crossword puzzle*) Tú y tu compañero/a tienen un crucigrama incompleto. Tú tienes las palabras que necesita tu compañero/a y él/ella tiene las palabras que tú necesitas. Sin revelar las palabras, utilicen pistas (*clues*) que les permitan adivinar las respuestas.

modelo

1 horizontal: Fiesta popular que generalmente tiene lugar en las calles de las ciudades.

2 vertical: Novelas que puedes ver en la televisión.

2 TELENOVELAS
4 ROMÁNTICO
6 CERÁMICA
8 DANZA
10 BAILARÍN
12 TEATRO
14 DIRECTOR
16 ESCRITOR
18 PINTAR
20 ARTESANÍAS
22 PREMIO

8 ESTUDIANTE 2

Crucigrama (*Crossword puzzle*) Tú y tu compañero/a tienen un crucigrama incompleto. Tú tienes las palabras que necesita tu compañero/a y él/ella tiene las palabras que tú necesitas. Sin revelar las palabras, utilicen pistas (*clues*) que les permitan adivinar las respuestas.

> **modelo**
>
> **1 horizontal:** Fiesta popular que generalmente tiene lugar en las calles de las ciudades.
>
> **2 vertical:** Novelas que puedes ver en la televisión.

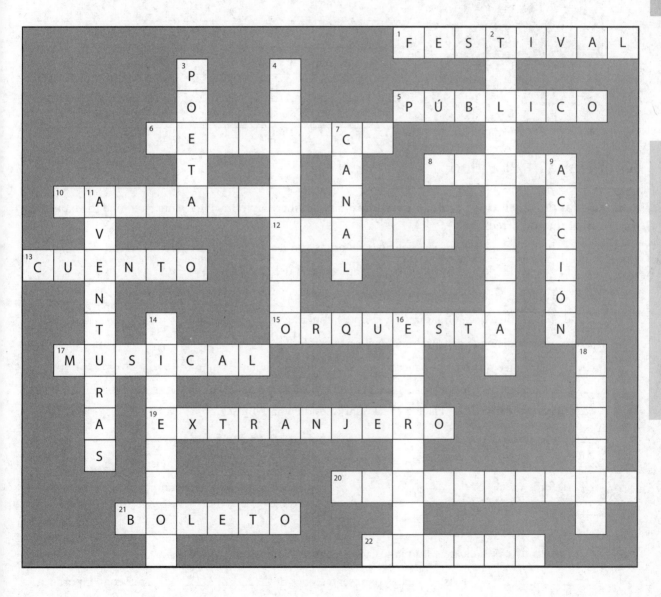

Una sorpresa para Maru

Antes de ver el video

1 **En el museo** In this episode, Maru and Miguel go to the museum. Based on the title and the image, what do you think will happen?

_____
_____
_____
_____
_____
_____
_____

Mientras ves el video

2 **Ordenar** Watch **Una sorpresa para Maru** and number the following events from one to six, in the order they occurred.

____ a. Juan Carlos dice que sus películas favoritas son las de ciencia ficción y de terror.

____ b. Miguel le pide a Maru que se pare en una sala del museo.

____ c. La gente aplaude a Maru y a Miguel.

____ d. Jimena dice que su mamá va a la ópera con amigos del trabajo.

____ e. Jimena dice que disfrutó mucho el espectáculo.

____ f. Felipe dice que está de acuerdo con la relación de Jimena y Juan Carlos.

3 **La cultura en México** Place a check mark beside what you see.

____ 1. escultoras   ____ 5. un concierto

____ 2. un cuento   ____ 6. un instrumento musical

____ 3. fotos   ____ 7. artesanías en cerámica

____ 4. un edificio blanco   ____ 8. poetas

4 **¿Quién lo dijo?** Indicate who made each statement, and fill in the blanks.

_____ 1. No he visto muchas representaciones de _____ contemporánea.

_____ 2. ¿Te gustan las películas _____?

_____ 3. El arte _____ nos cuenta la historia de su gente y su país.

_____ 4. Felipe intentó _____. ¡Qué horror!

_____ 5. Mi mamá hubiera querido que tocara algún _____.

Después de ver el video

5 **Escoger** Write the letter of the word or phrase that completes each sentence.

1. Jimena piensa ir con su mamá a la _____.
   a. obra   b. ópera   c. danza

2. A Maru le encanta ver las artesanías en cerámica y los _____.
   a. dramas   b. cuentos   c. tejidos

3. A Jimena le gusta escuchar música en vivo e ir al _____.
   a. teatro   b. museo   c. programa de entrevistas

4. Juan Carlos puede ver las películas de _____ con Felipe.
   a. acción   b. aventuras   c. terror

5. A Jimena y a Juan Carlos les gustan los _____.
   a. dramas   b. documentales   c. escultores

6 **En tu opinión** Answer the following questions in Spanish.

1. ¿Crees que Maru y Miguel serán felices? Explica tu respuesta.

_____

_____

2. Juan Carlos y Jimena tienen intereses similares, pero ¿son compatibles? Explica tu opinión.

_____

_____

3. ¿Crees que Felipe y Marissa podrían ser novios algún día? ¿Por qué?

_____

_____

7 **En tu comunidad** Describe in Spanish a few cultural events in your community or area. You may invent them.

_____

_____

_____

_____

_____

_____

_____

_____

_____

_____

Pronunciación

Syllabification

In Spanish, every syllable has only one vowel or diphthong. If a single consonant (including **ch**, **ll**, and **rr**) occurs between two vowels, the consonant begins a new syllable.

| co-che | dra-ma | mu-si-cal | ma-qui-lla-je | pe-rro | to-car |

When two strong vowels (**a**, **e**, **o**) occur together, they are separated into two syllables. Diphthongs are never divided into separate syllables unless there is a written accent mark on the **i** or **u**, which breaks the diphthong.

| ar-te-sa-ní-a | ma-es-tro | his-to-ria | tra-ge-dia |

If two consonants occur between vowels, they are divided into two syllables, except when the second consonant is **l** or **r**.

| al-fom-bra | or-ques-ta | pu-bli-car | ro-mán-ti-co |

If three or four consonants occur between vowels, they are separated into syllables between the second and third consonants unless one of the letters is followed by **l** or **r**.

| e-jem-plo | ins-pec-tor | trans-por-te |

1 **Práctica** Listen to the following words and divide each into syllables using slashes.

1. e s c u l p i r
2. c o n c i e r t o
3. i n s t r u m e n t o
4. c o n c u r s o
5. e s t r e l l a
6. a c a m p a r
7. p r e m i o
8. a p l a u d i r
9. b a i l a r í n
10. e x t r a n j e r a
11. p o e s í a
12. ó p e r a
13. a b u r r i r s e
14. c a n t a n t e
15. e n t r a d a

2 **Refranes** Repeat each saying after the speaker.

1. De músico, poeta y loco, todos tenemos un poco. [1]
2. Tener más hambre que un maestro. [2]

3 **Dictado** You will hear a conversation. Listen carefully and write what you hear during the pauses. The entire conversation will then be repeated so that you can check your work.

RAMÓN _____

_____

CELIA _____

RAMÓN _____

_____

CELIA _____

_____

RAMÓN _____

[1] *We are all part musician, part poet, and part fool.* [2] *To be as poor as a churchmouse.*

Estructura

5.1 The conditional

1 **Si fuera famoso** Felipe is daydreaming about how his life would be if he were a famous artist. Complete the paragraph with the conditional form of the verbs.

Si yo fuera un artista famoso, creo que (1) _____ (ser) pintor;

(2) _____ (pintar) cuadros llenos de vida. Pero... no sé, también

(3) _____ (poder) ser cantante, (4) _____ (tener) una banda

de rock y juntos (5) _____ (viajar) por el mundo dando conciertos...

Ahhh, mejor (6) _____ (querer) ser poeta, mi musa Lola y yo

(7) _____ (vivir) en una villa y las personas (8) _____

(escuchar) mis poemas en el Teatro de la Ópera en Milán. Creo que Lola (9) _____

(ser) una bailarina extraordinaria; (10) _____ (bailar) en los teatros más

importantes, y por supuesto, yo (11) _____ (ir) con ella... Sin embargo, Lola y

yo (12) _____ (poder) ser muy buenos actores; nuestro público

(13) _____ (aplaudir) con entusiasmo en cada obra de teatro...

2 **La entrevista** Isabel is going to interview a local author for an article in her school newspaper. She e-mailed her English teacher for advice. Rewrite the teacher's advice in a paragraph, using the conditional of the verbs. The first sentence has been done for you.

buscar información en la biblioteca
leer artículos de revista sobre la escritora
estudiar los cuentos de la escritora
preparar las preguntas antes de la entrevista
vestirse de forma profesional
llegar temprano a casa de la escritora

grabar la entrevista
darle las gracias a la escritora
al llegar a casa, transcribir la entrevista
entonces, escribir el artículo
mostrárselo a la escritora antes de publicarlo
sentirse muy orgullosa de su trabajo

Buscaría información en la biblioteca. _____

_____

_____

_____

_____

_____

_____

_____

3 **Los buenos modales (*manners*)** Rewrite these commands with the conditional tense.

> **modelo**
>
> Termina el trabajo hoy antes de irte.
> ¿Terminarías el trabajo hoy antes de irte, por favor?

1. Tráigame un refresco. _____

2. Llama a Marcos esta tarde. _____

3. Encuéntreme un pasaje barato. _____

4. Pide una toalla más grande. _____

5. Vengan a trabajar el sábado y el domingo. _____

6. Búscame en mi casa a las ocho. _____

4 **En el teatro** You and your friends are out for a night at the theater. React to each description of what happened by asking a question, using the conditional tense and the cues provided.

> **modelo**
>
> Adriana se durmió durante la película. (dormir bien anoche)
> ¿Dormiría bien anoche?

1. Natalia se fue temprano. (salir para ver otra obra de teatro)

_____

2. No encontré los boletos. (poner los boletos en mi cartera)

_____

3. Luz no fue al teatro. (tener otras cosas que hacer)

_____

4. Jaime e Isabel conocieron a los actores y actrices en una fiesta. (invitarlos el director)

_____

5 **Eso pensamos** Write sentences with the elements provided and the conditional of the verbs in parentheses.

> **modelo**
>
> Nosotros pensamos (ustedes / tener tiempo para ver el espectáculo)
> Nosotros pensamos que ustedes tendrían tiempo para ver el espectáculo.

1. Yo pensaba (el museo y el teatro / estar cerrados los domingos)

_____

2. Lisa y David dijeron (ese canal / presentar el documental ahora)

_____

3. Marta creía (sus estrellas de cine favoritas / salir en una nueva película)

_____

4. Lola dijo (Ramón / nunca hacer el papel de Romeo)

_____

Lección 5

6 Identificar Listen to each sentence and decide whether you hear a verb in the future, the conditional, or the imperfect tense.

1. a. future   b. conditional   c. imperfect
2. a. future   b. conditional   c. imperfect
3. a. future   b. conditional   c. imperfect
4. a. future   b. conditional   c. imperfect
5. a. future   b. conditional   c. imperfect
6. a. future   b. conditional   c. imperfect
7. a. future   b. conditional   c. imperfect
8. a. future   b. conditional   c. imperfect
9. a. future   b. conditional   c. imperfect
10. a. future   b. conditional   c. imperfect

7 Cambiar Form a new sentence replacing the **iba a** + [*infinitive*] construction with the corresponding verb in the conditional. Repeat the correct answer after the speaker. (6 *items*)

modelo
Andrea dijo que iba a tocar el piano.
Andrea dijo que tocaría el piano.

8 Entrevista You are considering taking a job as the director of a new soap opera, and a reporter wants to know what the new show would be like. Answer his questions using the cues. Then repeat the correct response after the speaker.

modelo
You hear: ¿Cómo se llamaría la telenovela?
You see: Amor eterno
You say: Se llamaría Amor eterno.

1. 23
2. San Salvador
3. romántica
4. Hispania y Univisión
5. Sí / muchísimo
6. $500.000

9 Una exposición (A show) Cristina is planning an exhibition for her art work. Listen to her ideas and then indicate whether the statements are **cierto** or **falso**.

	Cierto	Falso
1. La fiesta sería al aire libre.	O	O
2. Invitaría al director de una revista.	O	O
3. Sus amigos podrían llevar algo de comer y beber.	O	O
4. Sus compañeros de trabajo irían a la fiesta.	O	O
5. Presentaría las pinturas de su primo.	O	O
6. A Cristina le gustaría publicar un libro sobre su escultura.	O	O

Lección 5 / Audio Activities

Lección 5

Communication Activities

10 ESTUDIANTE 1

Conversaciones Aquí y en la hoja de tu compañero/a se presentan dos listas con diferentes problemas que supuestamente tienen los estudiantes. En parejas, túrnense para explicar los problemas de su lista; uno/a cuenta lo que le pasa y el/la otro/a dice lo que haría en esa situación usando la frase "Yo en tu lugar..." (*If I were you...*).

> **modelo**
>
> **Estudiante 1:** ¡Qué problema! Mi novio no me habla desde el domingo.
> **Estudiante 2:** Yo en tu lugar, no le diría nada por unos días para ver qué pasa.

1. El año pasado decidí estudiar la contabilidad cuando vaya a la universidad. Ahora he descubierto que no me gusta trabajar con números todo el día, pero mis padres quieren que yo sea contador(a).

   _____

   _____

   _____

   _____

2. Una amiga mía me pidió que fuera con ella y su familia de vacaciones. Hemos comprado los pasajes de avión y tenemos reservación en el hotel, pero mi novio/a quiere que yo pase TODO el verano con él/ella.

   _____

   _____

   _____

   _____

3. Mi novio/a es maravilloso/a, pero se fue a estudiar al extranjero (*abroad*) por un año. Me siento solo/a y me aburro. El otro día un(a) chico/a muy atractivo/a me invitó a ir al teatro. Le dije que sí.

   _____

   _____

   _____

   _____

ESTUDIANTE 2

Conversaciones Aquí y en la hoja de tu compañero/a se presentan dos listas con diferentes problemas que supuestamente tienen los estudiantes. En parejas, túrnense para explicar los problemas de su lista; uno/a cuenta lo que le pasa y el/la otro/a dice lo que haría en esa situación usando la frase "Yo en tu lugar..." (*If I were you...*).

> **modelo**
>
> **Estudiante 1:** ¡Qué problema! Mi novio no me habla desde el domingo.
> **Estudiante 2:** Yo en tu lugar, no le diría nada por unos días para ver qué pasa.

1. Me ofrecen un puesto interesantísimo, con un buen sueldo y excelentes beneficios, pero tiene un horario horrible. No volveré a ver a mis amigos jamás.

   _____

   _____

   _____

   _____

2. Hice una fiesta cuando mis padres estaban visitando a mis abuelos en Florida y alguien robó su colección de discos de jazz. Mis padres vuelven esta tarde de su viaje.

   _____

   _____

   _____

   _____

3. Estoy con una alergia terrible y creo que tengo fiebre. Tengo que terminar de preparar la presentación que voy a hacer mañana en la clase de historia. Y tengo que levantarme tempranísimo porque mi padre va a llevarme a la escuela a las 6:30 de la mañana.

   _____

   _____

   _____

   _____

Lección 5

Communication Activities

11 **Encuesta** Circula por la clase y pregúntales a tres compañeros/as qué actividad(es) de las que se describen les gustaría realizar. Usa el condicional de los verbos. Anota las repuestas e informa a la clase de los resultados de la encuesta.

modelo

> **Estudiante 1:** ¿Harías el papel de un loco en una obra de teatro?
> **Estudiante 2:** Sí, lo haría. Sería un papel muy interesante.

Actividades	Nombre:	Nombre:	Nombre:
1. escribir poesía			
2. bailar en un festival			
3. tocar en una banda			
4. hacer el papel principal en un drama			
5. participar en un concurso en la televisión			
6. cantar en un musical			

Lección 5

Communication Activities

5.2 The conditional perfect

1 **Pero no fue así** Write sentences with the elements provided. Use the conditional perfect of the verb in the first part of the sentence and the preterite of the verb in the second part.

> **modelo**
> Lidia / despertarse a las seis, // no oír el despertador
> Lidia se habría despertado a las seis, pero no oyó el despertador.

1. Tomás / ir al cine, // tener que quedarse estudiando

   _____

2. (yo) / llamar a Marcela, // no conseguir su número de teléfono

   _____

3. Antonio y Alberto / tocar bien en el concierto, // practicar poco

   _____

4. (tú) / venir a mi casa, // no encontrar la dirección

   _____

5. ustedes / conocer a mi novia, // llegar demasiado tarde

   _____

6. mis amigos y yo / cenar en tu casa, // comer en el restaurante

   _____

2 **Viaje cancelado** You and your friends made plans to spend a week in New York City. However, you weren't able to go. Rewrite the paragraph to say what would have happened, using the conditional perfect. The first sentence has been done for you.

Iremos a ver una ópera famosa. Participaremos en un programa de entrevistas. Será un programa divertido. Mi prima nos conseguirá boletos para un espectáculo de baile. Nos quedaremos en casa de mis tíos. Conoceré al novio de mi prima. Mis tíos nos mostrarán la ciudad. Visitaremos la Estatua de la Libertad. Veremos a muchos turistas estadounidenses y extranjeros. Llamaré a mis padres para contarles todo. Habrá un festival en la calle. El novio de mi prima nos mostrará el documental que hizo. Escucharemos a algunos artistas recitar poemas en un café.

Habríamos ido a ver una ópera famosa. _____

_____

_____

_____

_____

_____

_____

_____

3 **Identificar** Listen to each statement and mark an **X** in the column for the subject of the verb.

> **modelo**
>
> *You hear:* Habrían preferido ir al concierto.
> *You mark:* an **X** under **ellos**.

	yo	tú	él	nosotros	ellos
Modelo	_____	_____	_____	_____	X
1.	_____	_____	_____	_____	_____
2.	_____	_____	_____	_____	_____
3.	_____	_____	_____	_____	_____
4.	_____	_____	_____	_____	_____
5.	_____	_____	_____	_____	_____
6.	_____	_____	_____	_____	_____

4 **¿Lógico o ilógico?** You will hear six brief conversations. Indicate if they are **lógico** or **ilógico**.

1. Lógico   Ilógico   4. Lógico   Ilógico
2. Lógico   Ilógico   5. Lógico   Ilógico
3. Lógico   Ilógico   6. Lógico   Ilógico

5 **¿Qué habría pasado?** Look at the program for an art conference that was canceled at the last minute and answer the questions you hear. Repeat the correct response after the speaker.

15F

VI CONFERENCIA ANUAL SOBRE EL ARTE

PROGRAMA DEL DÍA (Martes, 24)

10:00 Café y pasteles para todos.

10:15 Presentación de todos los artistas que participan en la conferencia.

Conferencias

10:30 El mundo de la televisión: el futuro de los canales públicos. Presentada por
           Marisa Monleón.

11:00 La artesanía: expresión cultural de los pueblos. Presentada por Roberto González.

11:30 El cuento hispanoamericano. Presentada por Mercedes Román.

12:00 Las canciones populares como formas poéticas. Presentada por Federico Martínez.

12:30 Las bellas artes en El Salvador. Presentada por Francisco Ruiz.

Espectáculos

 4:00 Concierto de la Orquesta Tegucigalpa.

 5:00 Lectura de poesía hondureña, por Renato Lafuente.

6

ESTUDIANTE 1

S.O.S. ¡Tienes correo! Has recibido un mensaje electrónico de tu amigo Ernesto. Él necesita tu ayuda. Léelo y, con tus propias palabras, explícale su problema a tu compañero/a. Después, pregúntale qué habría hecho para evitar el problema que tiene Ernesto y qué haría ahora en su lugar. Tu compañero/a empieza. Escucha el problema de su amiga Marisol y ofrécele tus sugerencias.

↩ Para: Mi consejero/a	De: Ernesto	Asunto: S.O.S.

Estimado/a amigo/a y consejero/a:

Sabes que quiero ser actor más que nada en el mundo, por eso hace dos años que estudio arte dramático en la universidad más prestigiosa del país. Mi profesora, la actriz famosa, dice que tengo mucho talento y está convencida de que tengo un futuro muy brillante. Sin embargo, hace tres días, y como parte del programa de estudios, fui a ver una obra de teatro con la clase, pero estaba tan cansado que cuando apagaron las luces del teatro me dormí y dos horas después, al final de la obra, me desperté con el ruido de los aplausos. La próxima semana es el examen final y un sesenta y cinco por ciento de la nota[1] está basado en la obra que "no vi". Estoy desesperado. ¿Y quién no lo estaría, no? La compañía de teatro ya no está en la ciudad y debo aprobar[2] ese examen para graduarme. Y además, no quiero decepcionar[3] ni a mi profesora, ni a mis padres, ni a mí mismo. No aprobar el examen final sería una humillación. Sé que te fascina el cine y que quieres que sea actor tanto como yo. Tú eres la persona más ingeniosa[4] que conozco y necesito una idea genial[5]. Por favor, escríbeme pronto. No tengo mucho tiempo y no sé qué hacer.

¡Cuento contigo!

Ernesto

[1]*grade* [2]*pass* [3]*disappoint* [4]*resourceful* [5]*brilliant*

Ahora, contesta el correo electrónico de Ernesto con algunas sugerencias de tu compañero/a y algunas tuyas también. Sé imaginativo/a.

_____

_____

_____

_____

_____

_____

_____

6 ESTUDIANTE 2

S.O.S. ¡Tienes correo! Has recibido un mensaje electrónico de tu amiga Marisol. Ella necesita tu ayuda. Léelo y, con tus propias palabras, explícale su problema a tu compañero/a. Después, pregúntale qué habría hecho para evitar el problema que tiene Marisol y qué haría ahora en su lugar. Tú empiezas. Luego, ayuda a tu compañero/a a solucionar el problema de su amigo Ernesto.

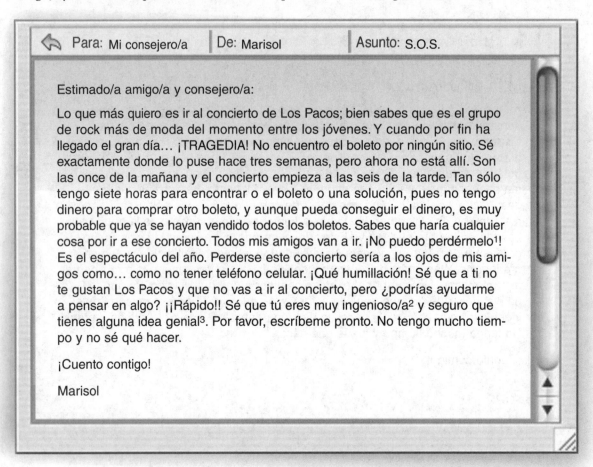

Para: Mi consejero/a | De: Marisol | Asunto: S.O.S.

Estimado/a amigo/a y consejero/a:

Lo que más quiero es ir al concierto de Los Pacos; bien sabes que es el grupo de rock más de moda del momento entre los jóvenes. Y cuando por fin ha llegado el gran día... ¡TRAGEDIA! No encuentro el boleto por ningún sitio. Sé exactamente donde lo puse hace tres semanas, pero ahora no está allí. Son las once de la mañana y el concierto empieza a las seis de la tarde. Tan sólo tengo siete horas para encontrar o el boleto o una solución, pues no tengo dinero para comprar otro boleto, y aunque pueda conseguir el dinero, es muy probable que ya se hayan vendido todos los boletos. Sabes que haría cualquier cosa por ir a ese concierto. Todos mis amigos van a ir. ¡No puedo perdérmelo[1]! Es el espectáculo del año. Perderse este concierto sería a los ojos de mis amigos como... como no tener teléfono celular. ¡Qué humillación! Sé que a ti no te gustan Los Pacos y que no vas a ir al concierto, pero ¿podrías ayudarme a pensar en algo? ¡¡Rápido!! Sé que tú eres muy ingenioso/a[2] y seguro que tienes alguna idea genial[3]. Por favor, escríbeme pronto. No tengo mucho tiempo y no sé qué hacer.

¡Cuento contigo!

Marisol

[1]*miss it* [2]*resourceful* [3]*brilliant*

Ahora, contesta el correo electrónico de Marisol con algunas sugerencias de tu compañero/a y algunas tuyas también. Sé imaginativo/a.

_____

_____

_____

_____

_____

_____

_____

5.3 The past perfect subjunctive

1 **En el pasado** Rewrite the sentences, replacing the subject in italics with the subject in parentheses and adjusting the form of the verb as necessary.

1. Mis padres se alegraron de que *yo* me hubiera graduado. (mi hermano)

_____

2. Marisol dudó que *nosotras* hubiéramos ido a la fiesta solas. (ustedes)

_____

3. Yo no estaba segura de que *mis hermanos* se hubieran despertado. (tú)

_____

4. Todos esperaban que *la conferencia* ya se hubiera acabado. (las clases)

_____

5. La clase empezó sin que *ustedes* hubieran hablado con el profesor. (nosotros)

_____

6. Fue una lástima que *mis amigos* no hubieran invitado a Roberto. (yo)

_____

2 **La obra de teatro** Your friends Eva and Tomás are walking home from the theater. Complete the conversation with the past perfect subjunctive form of the verbs.

EVA Ya había visto este espectáculo antes de que me invitaras. De todas maneras, me alegré de

que me (1) _____ (invitar) esta noche.

TOMÁS Si me (2) _____ (decir), habría cambiado de planes.

EVA Pues no importa. Ya vinimos y estuvo fabuloso. Claro que esperaba que

(3) _____ (elegir) mejores asientos.

TOMÁS Hice lo que pude. La verdad me molestó que en el teatro no me (4) _____

(ofrecer) más opciones. Me quejé (*I complained*) con el administrador, pero él no creía que yo

(5) _____ (pagar) esos boletos tan caros.

EVA Bueno, te creo. Pero esta tarde no me gustó nada que no me (6) _____

(llamar) antes. Anita me dijo que estabas con tus amigos, que habían ido al estadio...

TOMÁS ¡No es cierto que (7) _____ (ir) al estadio! Sí estaba con ellos, pero

sólo hablamos un rato. Oye, y no me dijiste con quién habías visto el espectáculo...

EVA Lo vi sola. Nadie pudo venir conmigo... Oye, y ¿por qué no invitaste a Paco y a Lulú? Se

habrían divertido mucho si (8) _____ (venir) con nosotros.

TOMÁS No creo. Aunque (*Although*) a Paco le (9) _____ (gustar) la idea,

Lulú no habría venido, lo sé. Estuvo insoportable en la boda de mi hermana. ¡Yo no podía

creer que se (10) _____ (quedar) dormida en la mesa!

Lección 5 Estructura Activities   **135**

3   **Las vacaciones** Complete the letter with the past perfect subjunctive of the verbs in parentheses.

---

3 de mayo

Querida Irma:

Me alegré mucho de que (tú) me (1) _____ (poder) visitar este verano. Además,

yo esperaba que (tú) te (2) _____ (quedar) unos días solamente, pero me alegré

cuando supe que te quedarías dos semanas. Si tú (3) _____ (estar) aquí todo el

mes, habríamos podido ver más zonas del país. Es probable que la playa de La Libertad te

(4) _____ (gustar) mucho, y también que (tú) (5) _____

(querer) hacer surf. ¡Ojalá (tú) (6) _____ (conocer) a mi hermano! Es probable

que tú y yo nos (7) _____ (divertir) muchísimo con él. ¡Lo habríamos pasado mejor

si (tú) (8) _____ (decidir) quedarte en El Salvador todo el verano!

Hasta pronto. Tu amiga,

Rosa

---

4   **No, no era cierto** Your best friend Raquel always gets it wrong. Correct her by answering her questions negatively, using the past perfect subjunctive.

modelo

¿Era obvio que ustedes habían dicho una mentira (*lie*)?
No, no era obvio que hubiéramos dicho una mentira.

1. ¿Era verdad que el examen había sido muy difícil?

    _____

2. ¿Estaba Raquel segura de que él había tomado un refresco?

    _____

3. ¿Era cierto que todas las clases se habían cancelado?

    _____

4. ¿Era obvio que ustedes no habían limpiado la casa?

    _____

5. ¿Estabas segura de que nosotros habíamos almorzado?

    _____

6. ¿Era cierto que yo había sido la última en llegar a la fiesta?

    _____

Síntesis

Interview a friend to find out what he or she would do if he or she won ten million dollars on a game show. Then do the following:

- Write a paragraph that describes the things your friend would do. Use the conditional tense.
- Write a paragraph about what you would have done if you were the ten-million-dollar winner. Use both the conditional perfect and the past perfect subjunctive tenses.

_____

_____

_____

_____

_____

_____

_____

_____

_____

_____

_____

_____

_____

_____

_____

_____

_____

_____

_____

_____

_____

_____

_____

_____

5 **Identificar** Listen to each sentence and decide whether you hear a verb in the conditional, the conditional perfect, or the past perfect subjunctive tense in the subordinate clause.

1. a. conditional   b. conditional perfect   c. past perfect subjunctive
2. a. conditional   b. conditional perfect   c. past perfect subjunctive
3. a. conditional   b. conditional perfect   c. past perfect subjunctive
4. a. conditional   b. conditional perfect   c. past perfect subjunctive
5. a. conditional   b. conditional perfect   c. past perfect subjunctive
6. a. conditional   b. conditional perfect   c. past perfect subjunctive

6 **Escoger** You will hear some sentences with a beep in place of the verb. Decide which verb should complete each sentence and circle it.

> **modelo**
>
> *You hear:* Yo dudaba que él (*beep*) un buen actor.
> *You circle:* **hubiera sido** *because the sentence is*
> **Yo dudaba que él hubiera sido un buen actor**.

1. había vivido   hubiera vivido   5. había empezado   hubiera empezado
2. habíamos bailado   hubiéramos bailado   6. habías estado   hubieras estado
3. había trabajado   hubiera trabajado   7. había conocido   hubiera conocido
4. habías dicho   hubieras dicho   8. había bebido   hubiera bebido

7 **Cambiar** Say that you didn't believe what these people had done using the past perfect subjunctive and the cues you hear. Repeat the correct answer after the speaker. (*7 items*)

> **modelo**
>
> Martín / ver el documental
> No creía que Martín hubiera visto el documental.

8 **Hoy en el cine** Listen to this talk show and answer the questions.

1. ¿Creyó Olivia que Óscar había ido a la fiesta?

_____

2. ¿Era cierto que Óscar había sido invitado a la fiesta?

_____

3. ¿Creyó Óscar que José Santiago había hecho bien el papel de malo en *Acción final*?

_____

4. ¿Cómo habría tenido más éxito la película *El profesor*?

_____

Escritura

Estrategia
Finding biographical information

Biographical information can be useful for a great variety of writing topics. Whether you are writing about a famous person, a period in history, or even a particular career or industry, you will be able to make your writing both more accurate and more interesting when you provide detailed information about the people who are related to your topic.

To research biographical information, you may wish to start with general reference sources, such as encyclopedias and periodicals. Additional background information on people can be found in biographies or in nonfiction books about the person's field or industry. For example, if you wanted to write about Jennifer López, you could find background information from periodicals, including magazine interviews and movie or concert reviews. You might also find information in books or articles related to contemporary film and music.

Biographical information may also be available on the Internet, and depending on your writing topic, you may even be able to conduct interviews to get the information you need. Make sure to confirm the reliability of your sources whenever your writing includes information about other people.

You might want to look for the following kinds of information:

- ▶ date of birth
- ▶ date of death
- ▶ childhood experiences
- ▶ education
- ▶ family life
- ▶ place of residence
- ▶ life-changing events
- ▶ personal and professional accomplishments

Tema
¿A quién te gustaría conocer?

Antes de escribir

1. Vas a escribir una composición sobre una cena imaginaria en tu casa. Imagina que puedes invitar a cinco personas famosas a cenar contigo. ¿A quiénes invitarías? Pueden ser de cualquier (*any*) época de la historia y de cualquier profesión. Aquí están algunas categorías para ayudarte a seleccionar a las cinco personas:

▶ el arte	▶ las ciencias
▶ la música	▶ la historia
▶ el cine	▶ la política

2. Una vez que hayas seleccionado a los/las cinco invitados/as, debes hacer una pequeña investigación sobre cada uno/a. Completa el siguiente recuadro con los datos biográficos indicados.

	Persona 1	Persona 2	Persona 3	Persona 4	Persona 5
Fechas de nacimiento y muerte					
Experiencias de la niñez (*childhood*)					
Educación					
La vida en familia					
Lugar de residencia					
Eventos importantes de su vida					
Logros (*Accomplishments*) personales y profesionales					

Escribir

1. Ahora escribe una descripción de la cena. Mientras escribes, contesta estas preguntas.

   ▶ ¿Por qué invitarías a cada persona?

   ▶ ¿Qué le preguntarías a cada invitado/a?

   ▶ ¿Qué dirías y harías tú durante la cena?

   ▶ ¿De qué hablarían los/las invitados/as? ¿Qué tendrían en común?

2. Verifica el uso correcto del condicional.

Después de escribir

1. Intercambia tu borrador con un(a) compañero/a de clase. Coméntalo y contesta estas preguntas.

   ▶ Al escribir su composición, ¿contestó tu compañero/a las cuatro preguntas indicadas anteriormente?

   ▶ ¿Describió él/ella la cena detalladamente?

   ▶ ¿Usó él/ella bien las formas del condicional?

   ▶ ¿Qué detalles añadirías (*would you add*)? ¿Cuáles quitarías (*would you delete*)? ¿Qué otros comentarios tienes para tu compañero/a?

2. Revisa tu narración según los comentarios de tu compañero/a. Después de escribir la versión final, léela otra vez para eliminar errores de:

   ▶ ortografía y puntuación

   ▶ uso de letras mayúsculas y minúsculas

   ▶ concordancia entre sustantivos y adjetivos

   ▶ uso de verbos en el condicional

   ▶ uso de **ser** y **estar**

Palacios del arte

Antes de ver el video

1 **Más vocabulario** Look over these words before you watch the video.

Lección 5

Vocabulario útil		
alucinante *amazing*	la infanta *princess*	la pieza *piece*
brillar *to shine*	infantil *childlike*	la planta *floor*
la corte (real) *(royal) court*	ladrar *to bark*	recto/a *straight*
dorado/a *golden*	el lienzo *canvas*	el Renacimiento *Renaissance*
la época *time, period*	magistral *masterly*	el siglo *century*
el estilo *style*	majo/a *good-looking; nice*	

2 **Completar** Complete this paragraph about the painting *Las meninas* using words from the list above.

Las meninas es una de las (1) _____ más famosas del pintor español Diego Velázquez. Fue hecha a mediados del (2) _____ XVI y es un buen ejemplo del (3) _____ magistral de este artista. Originalmente, esta pintura se llamó *La familia de Felipe IV*, pero se le cambió el nombre porque en el centro del cuadro aparece la (4) _____ Margarita de Austria con dos damas de honor, o meninas. Entre los personajes del cuadro, hay un perro, y es tan real que parece a punto de (5) _____.

3 **¡En español!** Look at the image. Imagine what Mari Carmen will say about **el arte** in Madrid, and write a two- or three-sentence introduction to this episode.

Mari Carmen Ortiz, España

¡Hola a todos! Hoy estamos en Madrid _____
_____
_____
_____
_____
_____
_____

Mientras ves el video

4 **Marcar** Identify the painters Mari Carmen mentions in the video.

_____ 1. Salvador Dalí   _____ 6. Diego Rivera

_____ 2. Frida Kahlo   _____ 7. Francisco de Goya

_____ 3. Diego Velázquez   _____ 8. Joan Miró

_____ 4. Pablo Picasso   _____ 9. Vincent van Gogh

_____ 5. El Greco   _____ 10. Fernando Botero

Video Activities: *Flash cultura*

5   **Emparejar**   Match each name with a painting.

1. ___   2. ___

3. ___   4. ___

a. *La Inmaculada Concepción*   c. *Las meninas*   e. *La maja vestida*
b. *El hombre invisible*   d. *Guernica*

Después de ver el video

6   **Ordenar**   Put Mari Carmen's actions in order.

_____ a. Recorrió el Museo Nacional Centro de Arte Reina Sofía.

_____ b. Entró al Museo del Prado.

_____ c. Habló con distintas personas sobre el *Guernica*, de Pablo Picasso.

_____ d. Mostró el cuadro *Campesino catalán con guitarra*, de Joan Miró.

_____ e. Caminó por el Paseo del Prado.

_____ f. Mostró el cuadro *La Inmaculada Concepción*, de El Greco.

7   **Guía de turistas**   Imagine that you work as a tour guide in Madrid and you've been asked to show your tour group the city's museums. Which of the museums that you saw in the video would you take them to first? Write a description of what you would tell the tour group about the paintings there.

_____

_____

_____

_____

_____

_____

_____

_____

_____

_____

_____

Panorama

El Salvador

1   **Datos salvadoreños** Complete the sentences with information about El Salvador.

1. _____ es una poeta, novelista y cuentista salvadoreña.

2. El Salvador tiene unos 300 kilómetros de costa en el océano _____.

3. _____ es la playa que está más cerca de San Salvador.

4. Las condiciones de La Libertad son perfectas para el _____.

5. El Parque Nacional Montecristo se conoce también como _____.

6. En el Parque Nacional Montecristo se unen _____,

_____ y _____.

7. Los _____ del bosque Montecristo forman una bóveda que el sol no traspasa.

8. Las _____ de Ilobasco son pequeñas piezas de cerámica muy populares.

2   **¿Cierto o falso?** Indicate if each statement is **cierto** or **falso**. Then correct the false statements.

1. El Salvador es el país centroamericano más grande y más densamente poblado.

_____

2. Casi el 90 por ciento de la población salvadoreña es mestiza.

_____

3. Óscar Romero fue un arzobispo y activista por los derechos humanos.

_____

4. El pueblo de Ilobasco se ha convertido en un gran centro de *surfing*.

_____

5. El bosque nuboso Montecristo es una zona seca (*dry*).

_____

6. Los productos tradicionales de Ilobasco son los juguetes, los adornos y los utensilios de cocina.

_____

3   **Vistas de El Salvador** Label the places in the photos.

1. _____   2. _____

   Lección 5 Panorama Activities

Panorama: El Salvador

Antes de ver el video

1 **Más vocabulario** Look over these useful words before you watch the video.

Vocabulario útil	
alimento *food*	grano *grain*
fuente *source*	salsa *sauce*

2 **Categorías** Categorize the words listed in the word bank.

arepas	comerciales	restaurantes
buena	importante	tamales
catedrales	maíz	tradicionales
cebolla	mercados	usa
centrales	plazas	Valle de México
ciudades	postre	venden
comenzaron	queso	vivían

Lugares	Comida	Verbos	Adjetivos

Mientras ves el video

3 **Marcar** Check off the verbs you hear while watching the video.

_____ 1. bailar _____ 5. describir _____ 8. saber _____ 11. vender

_____ 2. cocinar _____ 6. hacer _____ 9. servir _____ 12. usar

_____ 3. comer _____ 7. limpiar _____ 10. tocar _____ 13. vivir

_____ 4. decir

Después de ver el video

4 **Completar** Complete the sentences with words from the word bank.

aceite	fuente	pupusas
arroz	maíz	sal
camarón	postre	símbolo

1. En El Salvador, el _____ es el alimento principal de la dieta diaria.

2. Las pupusas se comen a veces como _____, acompañadas de frutas y chocolate.

3. En todos los lugares importantes de las ciudades y pueblos de El Salvador se venden _____.

4. Para hacer las pupusas se usa maíz, agua, _____ y sal.

5. El maíz es una buena _____ de carbohidratos.

6. El maíz se ha usado como _____ religioso.

5 **Foto** Describe the video still. Write at least three sentences in Spanish.

_____
_____
_____
_____
_____

6 **Escribir** Write about your favorite food and explain how to prepare it. Don't forget to include all the necessary ingredients.

_____
_____
_____
_____
_____
_____
_____
_____

Panorama

Honduras

1 **En Honduras** Answer the questions with complete sentences.

1. ¿Quiénes son los jicaque, los miskito y los paya?

_____

_____

2. ¿Qué idiomas se hablan en Honduras?

_____

3. ¿Quién fue Argentina Díaz Lozano?

_____

4. ¿Qué cultura construyó la ciudad de Copán?

_____

5. ¿Para qué eran las canchas de Copán?

_____

6. ¿Por qué pudo intervenir la Standard Fruit Company en la política hondureña?

_____

_____

2 **Datos hondureños** Briefly describe each person or item.

1. El Progreso _____

2. Carlos Roberto Reina _____

3. Copán _____

4. Rosalila _____

5. José Antonio Velásquez _____

6. las bananas _____

3 **Palabras hondureñas** Identify these people, places, or things.

1. capital de Honduras _____

2. Tegucigalpa, San Pedro Sula, El Progreso, La Ceiba _____

3. moneda hondureña _____

4. esculturas, cetros, templos, canchas _____

5. escritor hondureño _____

6. lugar adonde se empezaron a exportar las bananas hondureñas _____

Panorama: Honduras

Antes de ver el video

1 **Más vocabulario** Look over these useful words and expressions before you watch the video.

Vocabulario útil	
astrónomo *astronomer*	obras de arte *works of art*
clara *clear*	quetzal *quetzal (a type of bird)*
dentro de *inside*	ruinas *ruins*
escala *scale*	serpiente *snake*
impresionante *amazing*	

2 **Predecir** In this lesson you are going to hear about some ruins and pyramids in the city of Copán, Honduras. Write a paragraph about the things you think you will see in this video.

_____

_____

_____

_____

_____

_____

_____

Mientras ves el video

3 **Marcar** Check off the words you hear while watching the video.

_____ 1. azteca

_____ 2. bailes

_____ 3. cultura precolombina

_____ 4. grupos

_____ 5. maya

_____ 6. ochocientos

_____ 7. quetzal

_____ 8. Rosalila

_____ 9. Sol

_____ 10. Tegucigalpa

Después de ver el video

4 **Seleccionar** Choose the option that best completes each sentence.

1. Una ciudad muy importante de la cultura _____ es Copán.
   a. olmeca   b. salvadoreña   c. azteca   d. maya

2. Desde mil novecientos _____ y cinco, los científicos han trabajado en estas ruinas.
   a. cincuenta   b. setenta   c. sesenta   d. noventa

3. Los mayas fueron grandes artistas, _____, matemáticos, astrónomos y médicos.
   a. maestros   b. estudiantes   c. arquitectos   d. cantantes

4. Ricardo Agurcia descubrió un templo _____ una pirámide.
   a. fuera de   b. cerca de   c. dentro de   d. a un lado de

5. En Copán encontraron el texto más _____ que dejó la gran civilización maya.
   a. extenso   b. corto   c. interesante   d. divertido

6. En Copán está el Museo de _____ Maya.
   a. Arte   b. Pintura   c. Escultura   d. Texto

7. La puerta del museo tiene la forma de la boca de _____.
   a. una serpiente   b. un gato   c. un puma   d. un quetzal

8. En la sala principal se encuentra la réplica _____ Rosalila.
   a. de la pirámide   b. de la ciudad   c. del Templo   d. de la ruina

5 **Fotos** Describe the video stills. Write at least three sentences in Spanish for each still.

_____
_____
_____
_____
_____
_____
_____
_____
_____
_____

6 **Escribir** Imagine that you went to Copán; write a postcard to a friend about everything you saw there.

_____
_____
_____
_____
_____

Contextos

1 **Identificar** Label the numbered items in the drawing.

1. _____

2. _____

3. _____

4. _____

5. _____

6. _____

7. _____

2 **Una es diferente** Write the word that does not belong in each group.

1. anunciar, comunicarse, luchar, transmitir, informar _____

2. racismo, sexismo, discriminación, desigualdad, prensa _____

3. libertad, tornado, huracán, tormenta, inundación _____

4. locutor, impuesto, ciudadano, político, reportero _____

5. crimen, guerra, violencia, derechos, choque _____

6. diario, noticiero, acontecimiento, artículo, informe _____

3 **Crucigrama** Use the clues to complete the crossword puzzle.

Horizontales

1. Sucede cuando un carro golpea (*hits*) a otro carro.
2. Sucede cuando un río se llena demasiado de agua.
4. Es lo opuesto (*opposite*) a la democracia.
5. Se hace para saber quién va a ganar las elecciones.
7. Todos los días puedes leer las noticias en él.

Verticales

1. Quiere ser elegido para un puesto público.
3. Es el dinero que todos pagan al gobierno por lo que ganan.
6. Es una enfermedad del sistema inmune del cuerpo.

4 **La locutora** Complete the newscast with items from the word bank.

candidatos	elecciones	encuestas		noticias	prensa
discursos	elegir	medios de comunicación		noticiero	votar

Buenas tardes, y bienvenidos al (1) _____ de las cinco. Mañana, un mes

antes de las (2) _____ para la presidencia de los Estados Unidos, será el

primer debate entre los (3) _____. Ya ellos han pronunciado muchos

(4) _____, y todos hemos escuchado sus opiniones, pero mañana será la primera

vez que los candidatos se enfrentan (*face each other*). La (5) _____ internacional

está preparada para llevar las últimas noticias a los diarios de todo el mundo. Los

(6) _____, como la radio y la televisión, estarán bien representados. Las

(7) _____ no indican que alguno de los dos candidatos tenga una ventaja (*lead*)

clara. Lo más importante es ver cuántos ciudadanos irán a (8) _____ el día de las

elecciones. Son ellos los que decidirán a quién van a (9) _____. Volveremos a las

diez de la noche para darles las (10) _____ de la tarde. ¡Los esperamos!

5 **Definiciones** You will hear some definitions. Write the letter of the word being defined.

1. _____
2. _____
3. _____
4. _____
5. _____
6. _____
7. _____
8. _____

a. el terremoto
b. el impuesto
c. la tormenta
d. la paz
e. la guerra
f. el tornado
g. la encuesta
h. las noticias

6 **¿Lógico o ilógico?** Listen to each news item and indicate if it is **lógico** or **ilógico**.

1. Lógico   Ilógico
2. Lógico   Ilógico
3. Lógico   Ilógico
4. Lógico   Ilógico

5. Lógico   Ilógico
6. Lógico   Ilógico
7. Lógico   Ilógico

7 **Describir** Look at the drawing and write the answer to each question you hear.

1. _____
2. _____
3. _____
4. _____

Lección 6

Audio Activities

Hasta pronto, Marissa

Antes de ver el video

1 **¿Qué pasa?** In this image, where do you think the friends are? What are they doing?

_____

_____

_____

_____

_____

_____

_____

_____

Mientras ves el video

2 **Llenar** As you watch **Hasta pronto, Marissa**, fill in the blanks.

1. Si _____ sabido que ellos no iban a estar aquí, me _____ despedido anoche.

2. Igualmente. Ella es Marissa. _____ el año con nosotros y hoy _____ a su casa, que es en los Estados Unidos.

3. Si te _____ la oportunidad de regresar a estudiar aquí, ¿_____?

4. Marissa, ¿cuál _____ tu experiencia _____ en México?

5. Marissa, espero que lo _____ pasado _____ en México.

6. Chichén Itzá fue muy _____ también. No puedo decidirme. ¡La he pasado de _____!

3 **¿Qué viste?** Place a check mark beside what you see.

____ 1. Marissa está triste por no poder despedirse de sus amigos.

____ 2. Don Diego conduce el carro de los Díaz.

____ 3. Marissa y el señor Díaz llegan a la fiesta sorpresa.

____ 4. Miguel dice que viajará a Bolivia.

____ 5. Marissa le da el diccionario a Felipe.

4 **Cosas y personas** Place a check mark beside what you see.

____ 1. una carta   ____ 3. una reportera   ____ 5. un soldado

____ 2. un choque   ____ 4. un periódico   ____ 6. una tormenta

Lección 6

Video Activities: Fotonovela

Después de ver el video

5   **Preguntas** Answer these questions in Spanish.

1. Según la reportera, Maite Fuentes, ¿dónde tuvo lugar el terremoto? _____

_____

2. ¿Adónde quiere tomar unos cursos Marissa? _____

3. Si Marissa tuviera que elegir una sola experiencia de las que vivió en México, ¿cuál elegiría?

_____

_____

4. Si le dieran la oportunidad, ¿Marissa volvería a estudiar en México?

_____

_____

5. ¿Qué le manda la tía Ana María a Marissa como regalo de despedida?

_____

_____

6   **Un artículo** Imagine that you are a reporter and you are going to interview Marissa about her experiences in Mexico. Write a brief article using what you saw in **Fotonovela**.

_____

_____

_____

_____

_____

_____

_____

_____

_____

7   **¿Qué va a pasar?** Marissa said good bye to her friends and is returning to Wisconsin. What do you think the future holds for Marissa and her friends? Will Juan Carlos and Jimena continue dating? Will they get married? What will Miguel and Maru's wedding be like? Will the friends achieve their career goals?

_____

_____

_____

_____

_____

Lección 6

Video Activities: Fotonovela

Pronunciación

Review of word stress and accentuation

You have learned that an accent mark is required when a word ends in a vowel, **n** or **s**, and the stress does *not* fall on the next to last syllable.

pren-sa   ar-**tí**-cu-lo   ca-**fé**   hu-ra-**cán**   **pú**-bli-co

If a word ends in any consonant other than **n** or **s**, and the stress does *not* fall on the last syllable, it requires an accent mark.

de-**ber**   a-**zú**-car   **cés**-ped   **fá**-cil   **mó**-dem

Accent marks are also used in Spanish to distinguish the meaning of one word from another. This is especially important for verbs where the stress often determines the tense and person.

el (*the*)   él (*he*)   mi (*my*)   mí (*me*)   tu (*your*)   tú (*you*)

compro (*I buy*)   compró (*he bought*)   pague (Ud. *command*)   pagué (*I paid*)

1 **Práctica** Repeat each word after the speaker and add an accent mark where necessary.

1. contaminacion
2. policia
3. voto
4. ejercito
5. declaro
6. dificil
7. rapido
8. sofa
9. todavia
10. opera
11. arbol
12. luche

2 **Oraciones** When you hear the number, read the corresponding sentence aloud, focusing on the word stress. Then listen to the speaker and repeat the sentence.

1. Ramón Gómez informó ayer desde Radio Bolívar que había peligro de inundación cerca del río Paraná.
2. Él explicó que toda la población necesitaba prepararse para cualquier cosa (*anything*) que pudiera ocurrir.
3. El ejército, ayudado de la policía, recorrió la región e informó a todos del peligro.

3 **Refranes** Repeat each saying after the speaker to practice word stress.

1. Quien perseveró, alcanzó. [1]
2. A fácil perdón, frecuente ladrón. [2]

4 **Dictado** You will hear a conversation. Listen carefully and write what you hear during the pauses. The entire conversation will be repeated so that you can check your work.

MERCEDES _____

ENRIQUE _____

MERCEDES _____

ENRIQUE _____

_____

MERCEDES _____

[1] *He who perseveres, succeeds.*
[2] *Pardon one offense and you encourage many.*

Lección 6 / Audio Activities

Estructura

6.1 Si clauses

1 **Sería así** Complete the sentences with the verbs in parentheses. Use the past subjunctive and the conditional as appropriate.

> **modelo**
>
> Si yo *fuera* (ir) al cine, (yo) *vería* (ver) esa película.

1. Adriana y Claudia _____ (adelgazar) si _____ (comer) menos todos los días.

2. Si Gustavo _____ (conseguir) un trabajo mejor, (él) _____ (ganar) más dinero.

3. Si Gerardo la _____ (invitar), Olga _____ (salir) con él al cine.

4. Alma y yo _____ (lavar) los platos si Alejandra _____ (pasar) la aspiradora.

5. Si (tú) _____ (tener) hambre, (tú) _____ (poder) almorzar en la cafetería.

6. Brenda nos _____ (venir) a buscar si (nosotras) _____ (estar) listas a tiempo.

7. Yo _____ (ir) a la ópera si ustedes _____ (tener) más boletos.

8. Si Pilar y tú _____ (querer), (nosotros) _____ (viajar) juntos por Suramérica.

9. Ustedes _____ (buscar) el libro en la librería si (ustedes) no lo

   _____ (encontrar) en casa.

10. Si Marcos y María _____ (poder), (ellos) _____ (comprar) una casa en mi barrio.

2 **Si fuera así...** Rewrite the sentences to describe a contrary-to-fact situation. Use the past subjunctive and the conditional tenses.

> **modelo**
>
> Si me visitas en Montevideo, te invito a cenar.
> *Si me visitaras en Montevideo, te invitaría a cenar.*

1. Si buscas las llaves en la habitación, las encuentras enseguida.

   _____

2. La madre de Rodrigo llama al médico si él está enfermo.

   _____

3. Si ustedes saludan a Rosa y a Ramón, ellos son muy simpáticos.

   _____

4. Si Luis me invita, voy con él al festival de música folclórica.

   _____

5. Ana y Elena limpian la cocina y el baño si están sucios.

   _____

6. Viajo a Uruguay con ustedes si tengo el dinero.

   _____

Lección 6

3   **Si hubiera...** Write complete sentences about the images. Use the conditional perfect and the past perfect subjunctive.

> **modelo**
> (él) levantar pesas / mantenerse en forma
> **Si hubiera levantado pesas, se habría mantenido en forma.**

1. (ellos) / levantarse temprano / no tener prisa

_____

_____

2. (yo) hacer ejercicios de estiramiento / no haberse lastimado

_____

_____

3. (ustedes) leer el libro / sacar buenas notas en el examen

_____

_____

4. (tú) llegar temprano / recibir un regalo

_____

_____

_____

4   **Escribir oraciones** Write sentences with the elements provided to express conditions and events possible or likely to occur. Use the tenses in brackets.

> **modelo**
> Si Paco llega temprano / (ustedes / ir al cine) *[future]*
> **Si Paco llega temprano, ustedes irán al cine.**

1. Si quieres comer en mi casa / (tú / llamarme) *[command]*

_____

2. Si Luisa se enferma / (su novio / llevarla al doctor) *[present]*

_____

3. Si todos los ciudadanos votan / (el gobierno / ser mejor) *[near future]*

_____

4. Si Ana y tú estudian / (ustedes / aprobar el examen) *[future]*

_____

5. Si nos levantamos tarde / (nosotras / no llegar al discurso) *[near future]*

_____

5 **Escoger** You will hear some incomplete sentences. Choose the correct ending for each sentence.

1. a. llovía mucho.   b. lloviera mucho.
2. a. te gustó algún candidato.   b. te hubiera gustado algún candidato.
3. a. podemos ir de vacaciones juntos.   b. pudiéramos ir de vacaciones juntos.
4. a. el conductor hubiera tenido cuidado.   b. el conductor habría tenido cuidado.
5. a. yo trabajaré con los pobres.   b. yo trabajaría con los pobres.
6. a. todos fuéramos ciudadanos responsables.   b. todos éramos ciudadanos responsables.
7. a. el presidente va a hablar esta tarde.   b. el presidente vaya a hablar esta tarde.
8. a. me lo pedirás.   b. me lo pidieras.
9. a. Eva sale con él.   b. Eva salga con él.
10. a. te habías comunicado con el dueño.   b. te hubieras comunicado con el dueño.

6 **Cambiar** Change each sentence from the future to the conditional. Repeat the correct answer after the speaker. (6 *items*)

> **modelo**
> Carlos se informará si escucha la radio.
> *Carlos se informaría si escuchara la radio.*

7 **Preguntas** Answer each question you hear using the cue. Repeat the correct response after the speaker.

> **modelo**
> *You hear:* ¿Qué harías si vieras un crimen?
> *You see:* llamar a la policía
> *You say:* Si yo viera un crimen, llamaría a la policía.

1. pedir un préstamo   3. buscar un trabajo nuevo   5. ir a Montevideo
2. ayudar a los pobres   4. quedarse en casa   6. hacer un viaje

Lección 6

Audio Activities

6.2 Summary of the uses of the subjunctive

1 **¿Subjuntivo o indicativo?** Choose the correct verbs from the choices in parentheses.

1. Cuando _____ (vienes, vengas) a buscarme, tráeme la mochila.

2. Nuestros primos nos llamaron después de que su madre se _____ (casó, casara).

3. Ricardo y Elena quieren que ella los llame en cuanto _____ (llega, llegue).

4. Ustedes se quitaron los abrigos tan pronto como _____ (pudieron, pudieran).

5. Ricardo va a correr en el parque hasta que se _____ (cansa, canse).

6. Después de que _____ (vamos, vayamos) al cine, quiero comer algo.

2 **¿Infinitivo o subjuntivo?** Rewrite the sentences, using the infinitive or the subjunctive form of the verb in parentheses, as needed.

1. Laura y Germán esperan que la tormenta no (causar) daños (*damage*).

_____

2. Los trabajadores temen (perder) sus derechos.

_____

3. Nosotros tenemos miedo de (conducir) en la ciudad.

_____

4. Gisela y tú se alegran de que Ricardo (obedecer) las reglas (*rules*).

_____

5. Tú esperas (terminar) el trabajo antes de irte de vacaciones.

_____

6. Daniel teme que sus padres (vender) la casa en donde nació.

_____

3 **¿Hace o haga?** Complete the sentences with the indicative or subjunctive of the verbs in parentheses.

1. Roberto es el chico que _____ (trabajar) en el periódico de la escuela.

2. Álex y yo buscamos aspirantes que _____ (saber) usar bases de datos.

3. ¿Conoces a alguien que _____ (hablar) más de cuatro idiomas?

4. El padre de Ana es el locutor que _____ (tener) un programa de entrevistas.

5. La señora López dice que no hay nadie que _____ (cocinar) mejor que ella.

6. Javier y yo somos artistas que _____ (dibujar) muy bien.

7. Mauricio quiere un asistente que _____ (vivir) en Quito.

8. Andrea tiene amigos que _____ (estudiar) en la UNAM.

4 **Planes de verano** Berta is writing an e-mail to her friend Pati about her plans for this summer. Complete the paragraph with the correct forms of the subjunctive.

Para: Pati	De: Berta	Asunto: Viaje de verano

Querida Pati:

Deseo que las clases (1) _____ (terminar) pronto. Dudo que (2) _____ (sacar) malas notas, pero ya tengo planes para el verano. Tan pronto como (3) _____ (empezar) las vacaciones, tomaré un avión a Montevideo. Si (4) _____ (comprar) mi boleto hace dos meses, habría pagado menos dinero, pero me alegro de que (5) _____ (aceptar) la tarjeta de crédito de mi hermana mayor. En cuanto (6) _____ (hacer) la maleta, ¡lo escribiré en mi blog! Cuando (7) _____ (comenzar) mi viaje, voy a escribir TODAS mis experiencias. Después de que (8) _____ (llegar) a Montevideo, mi primo Alberto y mis tíos irán por mí al aeropuerto. No descansaremos hasta que (9) _____ (visitar) todos los lugares interesantes de su país. ¡Uf! Me alegra que el verano (10) _____ (durar) dos meses. En caso de que Alberto y yo (11) _____ (necesitar) más tiempo, regresaré el próximo año. Si tú (12) _____ (venir) con nosotros, disfrutarías mucho. Siento mucho que (tú) no (13) _____ (poder) viajar este verano y espero que ya (14) _____ (sentirse) mejor. Tan pronto como (yo) (15) _____ (encontrar) un cibercafé en Montevideo, te escribiré.

Saludos,
Berta

5 **Que sea así** Combine the sentences, using the present or past subjunctive in the adjective clause.

> *modelo*
>
> Patricia fue a buscar un escritorio. El escritorio debía ser grande.
> Patricia fue a buscar un *escritorio que fuera grande*.

1. Quiero elegir un candidato. El candidato debe ser inteligente y sincero.

   _____

2. La empresa iba a contratar a un empleado. El empleado debía tener experiencia.

   _____

3. Norma y tú van a comprar una casa. La casa debe estar en este barrio.

   _____

4. Iván quería casarse con una chica. La chica lo debía querer mucho.

   _____

5. Vamos a darle empleo a una señora. La señora debe saber cocinar.

   _____

6. Ellos estaban buscando una persona. La persona debía conocer a Sergio.

   _____

6 **¿Indicativo o subjuntivo?** Complete this letter with the present indicative or the present subjunctive of the verbs in parentheses.

Estimado cliente:

Le escribimos para informarle que su servicio de Internet inalámbrico ya (1) _____ (funcionar) a través de (*through*) nuestra empresa. Ahora usted (2) _____ (poder) conectarse a Internet sin que la distancia y el lugar (3) _____ (ser) un problema. Puede llamarnos a nuestra línea de servicio al cliente cuando usted (4) _____ (querer). Nuestros agentes (5) _____ (responder) a las llamadas las 24 horas del día.

Además, le ofrecemos nuestro servicio de teléfono en línea. Ahora las llamadas internacionales le (6) _____ (costar) sólo dos centavos por minuto a menos que usted (7) _____ (hacer) las llamadas en fin de semana. Le sugerimos que (usted) (8) _____ (elegir) nuestra empresa para conectarse no solamente a Internet, sino también con los amigos en todas partes del mundo. Tan pronto como usted (9) _____ (decidir) usar nuestros servicios, llámenos. Le daremos toda la información que (usted) (10) _____ (necesitar).

7 **¿Qué habría pasado?** Write questions and answers with the elements provided to state what would have happened in each case.

> **modelo**
> si yo / haber estado en un incendio // (tú) / haber tenido miedo
> ¿Qué habría pasado si yo hubiera estado en un incendio?
> Si hubieras estado en un incendio, habrías tenido miedo.

1. si don Diego / haber llegado tarde // (él) / no haber votado

_____

_____

2. si Jimena / haberte dicho eso // yo / no haber aceptado el trabajo

_____

_____

_____

3. si Maru y tú / haber sido discriminados/as // (nosotros/as) / haber luchado contra la desigualdad

_____

_____

_____

4. si Felipe y Miguel / haber visto al criminal // (ellos) / haber llamado a la policía

_____

_____

_____

Síntesis

Write an essay about a famous politician. Include various types of **si** clauses and different uses of the subjunctive as you address the following:

• State what you think about the person's life choices.

• With which aspects of the person's life do you agree and disagree?

• What do you like and dislike about him or her?

• What do you hope he or she will do in the future?

• Which of the things said about this person do you think are true and untrue?

• What would you have done and what would you do if you were this person?

_____

_____

_____

_____

_____

_____

_____

_____

_____

_____

_____

_____

_____

_____

_____

_____

_____

_____

_____

_____

_____

_____

_____

_____

_____

_____

Lección 6

8 **Escoger** You will hear some incomplete sentences. Choose the correct ending for each sentence.

1. a. el terremoto había durado más de dos minutos.
   b. el terremoto durara más de dos minutos.

2. a. escribió sobre el incendio?
   b. escriba sobre el incendio?

3. a. no podían comunicarse con nosotros.
   b. no pudieran comunicarse con nosotros.

4. a. tenemos unos días de vacaciones.
   b. tengamos unos días de vacaciones.

5. a. los resultados de la encuesta están equivocados.
   b. los resultados de la encuesta estén equivocados.

6. a. ver el reportaje sobre el sexismo en los Estados Unidos.
   b. que ven el reportaje sobre el sexismo en los Estados Unidos.

7. a. te habrás enojado.
   b. te habrías enojado.

8. a. donde hay terremotos.
   b. donde haya habido terremotos.

9 **Transformar** Change each sentence you hear to the negative. Repeat the correct answer after the speaker. (6 *items*)

> modelo
> Creía que era muy peligroso.
> No creía que fuera muy peligroso.

10 **Preguntas** Answer each question you hear using the cue. Repeat the correct response after the speaker.

> modelo
> *You hear:* ¿Qué te pidió el jefe?
> *You see:* escribir los informes
> *You say:* El jefe me pidió que escribiera los informes.

1. hacer una encuesta de los votantes (*voters*)
2. mañana
3. tener experiencia
4. no
5. algunas personas no poder votar
6. los trabajadores no declararse en huelga

11 **El noticiero** Listen to this newscast. Then read the statements and indicate whether they are **cierto** or **falso**.

	Cierto	Falso
1. Roberto Carmona habló de los impuestos en su discurso.	○	○
2. Nadie se sorprendió de que Carmona anunciara que no se presentaría a las elecciones.	○	○
3. Corre el rumor de que Carmona está enfermo.	○	○
4. Inés espera que el Partido Liberal encuentre otro candidato pronto.	○	○
5. Ella cree que es posible encontrar otro candidato en muy poco tiempo.	○	○

12

ESTUDIANTE 1

¿Qué pasaría? En parejas, formen seis oraciones. Tú tienes los principios y tu compañero/a tiene los finales. Sigue estos pasos. La primera oración ya está hecha. Después escriban su propia oración utilizando el vocabulario de la lección.

modelo

> **Estudiante 1:** Conjuga todos los verbos entre paréntesis. Lee en voz alta el principio de la primera oración.
>
> **Estudiante 2:** Lee en voz alta uno por uno todos los finales. Entre los dos deben encontrar el final correcto.
>
> **Estudiante 1:** Anota el final que corresponde a ese principio.
>
> **Estudiante 1:** Escucha el final de la siguiente oración que va a leer tu compañero/a.
>
> **Estudiante 1:** Lee uno por uno todos los principios. Entre los dos deben encontrar el principio correcto. Anota el final que corresponde a esa oración. Sigan así, por turnos, hasta que completen todas las oraciones.

1. Si la candidata (ser) más carismática,…
2. La huelga no (durar) tantos días…
3. Si la gente (ser) más civilizada,…
4. Si más personas (entender) que la guerra es un paso de gigante hacia atrás,…
5. Yo (combatir) el racismo…
6. Los medios de comunicación no (emitir) la noticia…
7. Si la cadena de televisión (aceptar) su propuesta,…

Ahora, escribe las oraciones completas.

1. Si la candidata fuera más carismática, su discurso interesaría a más personas jóvenes.
2. _____
   _____
3. _____
   _____
4. _____
   _____
5. _____
   _____
6. _____
   _____
7. _____
   _____

Lección 6

Communication Activities

ESTUDIANTE 2

¿Qué pasaría? En parejas, formen seis oraciones. Tú tienes los finales y tu compañero/a tiene los principios. Sigue estos pasos. La primera oración ya está hecha. Después escriban su propia oración utilizando el vocabulario de la lección.

> **modelo**
>
> **Estudiante 2:** Conjuga todos los verbos entre paréntesis. Escucha el principio de la oración que lee tu compañero/a.
>
> **Estudiante 2:** Lee en voz alta uno por uno todos los finales. Entre los dos deben encontrar el final correcto.
>
> **Estudiante 2:** Anota el principio que corresponde a ese final.
>
> **Estudiante 2:** Lee en voz alta el final de la siguiente oración.
>
> **Estudiante 1:** Lee uno por uno todos los principios. Entre los dos deben encontrar el principio correcto. Anota el principio que corresponde a esa oración. Sigan así, por turnos, hasta que completen todas las oraciones.

a. si (poder) participar en la política internacional.
b. tal vez más políticos (luchar) por la paz y la libertad mundial.
c. su discurso (interesar) a más personas jóvenes.
d. los periodistas Alonso y Tomás (preparar) un reportaje sobre el SIDA.
e. si todos (estar) dispuestos a negociar.
f. el ejército no (tener) que intervenir.
g. si no (ser) importante.

Ahora, escribe las oraciones completas.

1. Si la candidata fuera más carismática, su discurso interesaría a más personas jóvenes.

2. _____

3. _____

4. _____

5. _____

6. _____

7. _____

13

ESTUDIANTE 1

Dos artículos Tú y tu compañero/a tienen dos artículos: uno sobre una huelga de trabajadores y otro sobre un fenómeno natural. Trabajando en parejas, cada uno escoge y lee un artículo. Luego, háganse preguntas sobre los artículos.

Huelga en fábrica de muebles

AYER los carpinteros de Muebles Montevideo se declararon en huelga cuando el gerente les informó que este año no habría aumento de sueldo.

Es problable que los trabajadores ya tuvieran el plan de huelga. Dijo Antonio Caldera, empleado de la empresa: "Nos enojamos mucho cuando redujeron los beneficios hace tres meses. Pero hasta que anunciaron lo del sueldo, no nos decidimos a hacer la huelga".

La jefa de Muebles Montevideo, la señora Belén Toro, explicó que, por la situación económica del país, la empresa no puede aumentar el sueldo de los trabajadores. Si se aumentaran los sueldos, perderían su empleo unos 110 trabajadores y se quedarían en el paro.

No se sabe cuánto tiempo va a durar la huelga, pero las negociaciones continuarán hasta que ambas partes lleguen a un acuerdo[1]. El alcalde de la ciudad, Juan González, declaró que espera que resuelvan este problema tan pronto como sea posible.

[1]*agreement*

Hazle estas preguntas a tu compañero/a:

1. ¿Qué tipo de huracán visitó la costa del Pacífico? ¿Cuántas horas duró? ¿Qué daños materiales y personales causó?

_____

_____

_____

2. ¿Por qué crees que el periodista de este artículo escogió el verbo "visitar" para el encabezado de la noticia?

_____

_____

_____

3. ¿Cómo describirías tú lo que pasó si fueras uno de los supervivientes del "huracán pacífico"?

_____

_____

_____

13 ESTUDIANTE 2

Dos artículos Tú y tu compañero/a tienen dos artículos: uno sobre una huelga de trabajadores y otro sobre un fenómeno natural. Trabajando en parejas, cada uno escoge y lee un artículo. Luego, háganse preguntas sobre los artículos.

Huracán de categoría 3 "visita" la costa del Pacífico

Historia de un huracán "pacífico"

AYER a primeras horas de la mañana, un huracán sorprendió a los habitantes de cinco islas de la costa del Pacífico. Lo que en un principio comenzó como una típica e inofensiva tormenta tropical, se convirtió inesperadamente[1] en un huracán de categoría media que duró solamente una hora. La magnitud de su potencia arrancó árboles, señales de tráfico, y

causó fracturas a algunas casas, edificios y carreteras, pero, en general, los daños materiales fueron mínimos.

Los habitantes tuvieron tiempo de escapar y gracias a la efectiva intervención de los equipos de rescate no hubo víctimas mortales.

Los canales de televisión locales y nacionales transmiten el desarrollo de este incidente que afortunadamente no tuvo consecuencias trágicas. Los

medios de comunicación han bautizado a este fenómeno de la naturaleza con el nombre de "huracán pacífico". Periodistas y fotógrafos de todo el mundo llegaron a la zona afectada para informar sobre el desastre natural que pudo ser y no fue.

Las autoridades piden calma y paciencia, y agradecen a todos los grupos de ayuda y voluntarios su colaboración y solidaridad.

[1]*unexpectedly*

Hazle estas preguntas a tu compañero/a:

1. ¿Qué quieren los trabajadores que están en huelga? _____

_____

2. ¿Qué explicaciones dio la jefa de la compañía sobre el problema? _____

_____

3. ¿Qué harías tú si fueras un(a) empleado/a en esa empresa? _____

_____

_____

Escritura

Estrategia

Writing strong introductions and conclusions

Introductions and conclusions serve a similar purpose: both are intended to focus the reader's attention on the topic being covered. The introduction presents a brief preview of the topic. In addition, it informs your reader of the important points that will be covered in the body of your writing. The conclusion reaffirms those points and concisely sums up the information that has been provided. A compelling fact or statistic, a humorous anecdote, or a question directed to the reader are all interesting ways to begin or end your writing.

For example, if you were writing a report on what you consider to be the world's biggest problem, you might begin an essay on world hunger with the fact that more than 850 million people in the world are hungry. The rest of your introductory paragraph would outline the areas you would cover in the body of your paper, such as why world hunger exists, where it is worst, and what people around the world can do to help. In your conclusion, you would sum up the most important information in the report and tie this information together in a way that would make your reader want to learn even more about the topic. You could write, for example: "While ending world hunger remains one of the biggest challenges facing our society today, there are a number of things that each individual can do that will make a significant difference."

Introducciones y conclusiones

Trabajen en parejas para escribir una oración de introducción y otra de conclusión sobre este tema: la obligación de una sociedad de cuidar a todos sus miembros.

Tema

Escribir una composición

Antes de escribir

1. Vas a escribir una composición sobre este tema: Si tuvieras la oportunidad, ¿qué harías para mejorar el mundo? ¿Qué cambios harías en el mundo si tuvieras el poder (*power*) y los recursos necesarios? ¿Qué podrías hacer ahora y qué podrías hacer en el futuro? También debes considerar estas preguntas:

   ▶ ¿Pondrías fin a todas las guerras? ¿Cómo?

   ▶ ¿Protegerías el medio ambiente? ¿Cómo?

   ▶ ¿Promoverías (*Would you promote*) la igualdad y eliminarías el sexismo y el racismo? ¿Cómo?

   ▶ ¿Eliminarías la corrupción en la política? ¿Cómo?

   ▶ ¿Eliminarías la escasez de viviendas (*homelessness*) y el hambre?

   ▶ ¿Promoverías tu causa en los medios de comunicación? ¿Cómo?

   ▶ ¿Te dedicarías a alguna causa específica dentro de tu comunidad? ¿Cuál?

   ▶ ¿Te dedicarías a solucionar problemas nacionales o internacionales? ¿Cuáles?

2. Escribe una lista de tres cambios que harías, usando la lista de preguntas como guía.

3. Organiza tus ideas para escribir una composición de cinco párrafos: una introducción, una parte central de tres párrafos (un párrafo para cada cambio que harías) y una conclusión.

Escribir

1. Usa tus ideas de la sección anterior para escribir tu composición.

2. Verifica el uso correcto del condicional y del imperfecto del subjuntivo.

Después de escribir

1. Para asegurarte (*ensure*) de que tienes una introducción y una conclusión bien desarrolladas, usa el siguiente diagrama de Venn para compararlas. Estas dos secciones deben contener la misma información sobre las tres ideas centrales de tu composición, pero también deben tener otra información e ideas diferentes. (Refiérete a la estrategia otra vez si es necesario.)

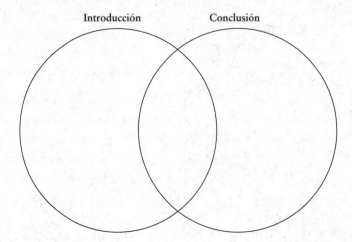

Introducción   Conclusión

2. Una vez que hayas completado el diagrama, decide si necesitas revisar tu introducción y conclusión para hacerlas más eficaces. Haz las revisiones que te parezcan necesarias.

3. Ahora intercambia tu borrador con un(a) compañero/a de clase. Coméntalo y contesta estas preguntas.

   ▶ ¿Incluyó tu compañero/a una introducción bien desarrollada?

   ▶ ¿Escribió él/ella tres párrafos sobre tres cambios que haría?

   ▶ ¿Incluyó él/ella una conclusión bien desarrollada y relacionada a la introducción, pero que también contiene una idea o información nueva?

   ▶ ¿Usó él/ella bien las formas del condicional?

   ▶ ¿Usó él/ella bien las formas del imperfecto del subjuntivo?

   ▶ ¿Qué detalles añadirías (*would you add*)? ¿Cuáles quitarías (*would you delete*)? ¿Qué otros comentarios tienes para tu compañero/a?

4. Revisa tu narración según los comentarios de tu compañero/a. Después de escribir la versión final, léela otra vez para eliminar errores de:

   ▶ ortografía

   ▶ puntuación

   ▶ uso de letras mayúsculas y minúsculas

   ▶ concordancia entre sustantivos y adjetivos

   ▶ uso del condicional

   ▶ uso del imperfecto del subjuntivo

   ▶ uso de **ser** y **estar**

Puerto Rico: ¿nación o estado?

Antes de ver el video

1 **Más vocabulario** Look over these words before you watch the video.

Vocabulario útil		
el agua de coco *coconut water*	la isla *island*	el/la productor(a) *producer*
el/la boricua *Puerto Rican*	los lazos *ties*	las relaciones exteriores
convertirse *to become*	la nación independiente	*foreign policy*
la estadidad *statehood*	*independent nation*	la soberanía *sovereignty*
el estado libre asociado	el parangón *comparison*	la vacuna *vaccine*
associated free state	permanecer *to stay; to remain*	valorar *to value*

2 **Completar** Fill in the blanks using words from the list above.

1. En Puerto Rico, el _____ es una bebida muy popular.

2. Otro nombre para los puertorriqueños es _____.

3. Para viajar a Puerto Rico desde los EE.UU. no hacen falta las _____.

4. Hay puertorriqueños que quieren que su país siga siendo un estado _____ asociado.

5. Algunos puertorriqueños desean que su país se convierta en una nación _____.

3 **¡En español!** Look at the image. Imagine what Diego will say about politics in Puerto Rico, and write a two- or three-sentence introduction to this episode.

Diego Palacios, Puerto Rico

Saludos y bienvenidos... _____

_____

_____

_____

_____

_____

_____

Mientras ves el video

4 **¿Qué ves?** Identify what you see in the video.

_____ 1. un caballo

_____ 2. un avión

_____ 3. una ballena

_____ 4. el mar

_____ 5. un mapa

_____ 6. un cajero automático

_____ 7. un gimnasio

_____ 8. un buzón

Lección 6

Video Activities: Flash cultura

5 **Opiniones** Listen to what these people say, and match the caption with a person.

1. ___

2. ___

3. ___

4. ___

a. ¿Por qué cambiarlo si es lo mejor de dos mundos?
b. Nos gusta el estilo americano.
c. Yo prefiero que Puerto Rico se quede como está.

d. Yo quiero la estadidad, no hay nada más.
e. Yo creo que Puerto Rico debe ser
   independiente ahora.

Después de ver el video

6 **Elegir** Indicate whether each statement is **cierto** or **falso**.

1. En Puerto Rico, hay casi dos millones de habitantes. _____
2. Los puertorriqueños pueden votar para elegir al presidente de los Estados Unidos. _____
3. Puerto Rico es un territorio de los Estados Unidos. _____
4. La moneda de Puerto Rico es el dólar estadounidense. _____
5. La aduana de la isla está a cargo del gobierno de Puerto Rico. _____
6. Todos los puertorriqueños están de acuerdo en que su país sea un estado libre asociado. _____

7 **Eres de Puerto Rico** Imagine that you are Puerto Rican and you are preparing to address Congress.
Write a speech explaining your position on the status of Puerto Rico and defend your argument.

_____
_____
_____
_____
_____
_____
_____
_____
_____
_____
_____

Lección 6

Video Activities: Flash cultura

Panorama

Paraguay

1 **Preguntas sobre Paraguay** Answer these questions about Paraguay.

1. ¿Cómo usan la lengua guaraní los paraguayos? _____

_____

2. ¿A qué se dedica el Teatro Guaraní? _____

_____

3. ¿Por qué se llaman "ñandutí" los encajes paraguayos? _____

_____

4. ¿Por qué visitan la represa Itaipú muchos turistas? _____

_____

5. ¿Qué ríos sirven de frontera entre Paraguay y Argentina? _____

_____

6. ¿Cuál es la importancia del río Paraná? _____

_____

Lección 6

2 **Descifrar** Use the clues to find terms about Paraguay in the puzzle. Then, write down the answers.

1. capital de Paraguay	5. estuario al final del río Paraná	9. una mujer de Paraguay
2. central hidroeléctrica	6. guitarrista paraguayo	10. país que hace frontera con Paraguay
3. ciudad de Paraguay	7. un idioma de Paraguay	11. río con 3.200 km navegables
4. encaje artesanal paraguayo	8. zona poco poblada de Paraguay	

U	R	Í	O	D	E	L	A	P	L	A	T	A
X	É	R	M	Z	L	U	L	G	A	D	M	R
A	I	I	T	A	I	P	Ú	L	M	Ñ	B	G
S	T	D	Á	Q	Ñ	F	M	V	B	F	Í	E
U	A	S	G	R	A	N	C	H	A	C	O	N
N	G	U	A	R	A	N	Í	R	R	M	H	T
C	U	B	A	R	R	I	O	S	É	Í	C	I
I	Á	F	P	A	R	A	N	Á	L	U	X	N
Ó	Ñ	A	N	D	U	T	Í	G	O	R	Ñ	A
N	O	H	P	A	R	A	G	U	A	Y	A	R

1. _____
2. _____
3. _____
4. _____
5 _____
6. _____
7. _____
8. _____
9. _____
10. _____
11. _____

Lección 6 Panorama Activities **171**

Panorama: Paraguay

Antes de ver el video

1 **Más vocabulario** Look over these useful words and expressions before you watch the video.

Vocabulario útil		
alimento *food*	cultivar *to cultivate*	sagrada *sacred*
amargo *bitter*	fuente *source*	suplemento alimenticio
asegurar *to maintain*	hervir *to boil*	*dietary supplement*
calabaza *pumpkin*	hojas *leaves*	
cortar *to cut*	quemar *to burn*	

2 **Preferencias** In this video you are going to learn about the importance of a coffee-like beverage in the Paraguayan diet. Do you like coffee? Is it popular in your country? Why? Is it good for your health? Write a paragraph in Spanish to answer these questions.

_____

_____

_____

_____

_____

_____

Mientras ves el video

3 **Ordenar** Number the sentences in the order in which they appear in the video.

_____ a. El mate es un alimento importante en la dieta diaria.

_____ b. Hay muchas técnicas para preparar el mate.

_____ c. Tomar mate era ilegal.

_____ d. El mate se toma a toda hora.

_____ e. La yerba mate crece en América del Sur.

_____ f. El mate tiene vitaminas, minerales y antioxidantes.

_____ g. El mate tiene un sabor amargo.

_____ h. Los indígenas guaraní creían que esta planta era un regalo de sus antepasados.

_____ i. El mate es típico de Paraguay, Argentina y Uruguay.

_____ j. El mate es usado por personas que quieren adelgazar.

Después de ver el video

4 **Fotos** Describe the video stills. Write at least three sentences in Spanish for each one.

_____
_____
_____
_____
_____
_____

_____
_____
_____
_____

5 **Responder** Answer the questions in Spanish.

1. ¿Qué es el mate? _____
_____

2. ¿Dónde es típico el mate? _____
_____

3. ¿Cómo usaban el mate los indígenas guaraní? _____
_____

4. ¿Cómo se usa el mate hoy en día? _____
_____

5. ¿Por qué durante la colonia era ilegal tomar mate? _____
_____

6. ¿Qué características tiene el mate? _____
_____

6 **Escribir** Write a short summary of this video in Spanish.

_____
_____
_____
_____
_____
_____

Lección 6 Panorama cultural Video Activities   **173**

Panorama

Uruguay

1 **Datos uruguayos** Complete the sentences with information about Uruguay.

1. Montevideo está situada en la desembocadura del _____.

2. Hay numerosas playas que se extienden desde Montevideo hasta la ciudad de _____.

3. La _____ es un elemento esencial en la dieta diaria de los uruguayos.

4. El _____ es una infusión similar al té y es muy típico de la región.

5. El _____ es el deporte nacional de Uruguay.

6. En los años _____ se inició el período profesional del fútbol uruguayo.

7. El _____ de Montevideo dura unos cuarenta días y es el más largo del mundo.

8. La celebración más conocida del Carnaval de Montevideo es el _____.

2 **¿Cierto o falso?** Indicate if each statement is **cierto** or **falso**. Correct the false statements.

1. Punta del Este es una ciudad cosmopolita e intelectual.

_____

2. Jorge Drexler es un compositor y cantante uruguayo.

_____

3. El mate es una bebida de origen africano que está muy presente en Uruguay.

_____

4. Uruguay y Argentina desean ser la sede de la Copa Mundial de fútbol en 2030.

_____

5. Uno de los mejores carnavales de Suramérica se celebra en Salto.

_____

6. En el Desfile de las Llamadas participan actores y actrices.

_____

3 **El mapa** Identify the places on this map of Uruguay.

1. _____   4. _____

2. _____   5. _____

3. _____   6. _____

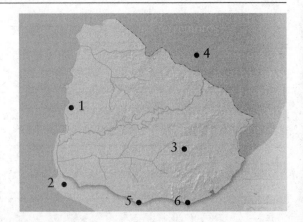

Panorama: Uruguay

Antes de ver el video

1 **Más vocabulario** Look over these useful words and expressions before you watch the video.

Vocabulario útil		
asado *barbecue*	campos *rural areas*	jineteadas *rodeo*
cabalgatas colectivas *caravans*	ganadería *ranching*	ranchos ganaderos *cattle ranches*
caballos *horses*	gauchos *cowboys*	siglos *centuries*

2 **Predecir** Based on the video stills, write what you think the video will be about.

_____

_____

_____

_____

_____

Mientras ves el video

3 **Describir** Write a short description of the items.

1. Las estancias son _____

_____

2. Los gauchos son _____

_____

3. Las cabalgatas colectivas son _____

_____

4. Las jineteadas son _____

_____

Lección 6 Panorama cultural Video Activities **175**

Después de ver el video

4 **Responder** Answer the questions in Spanish.

1. ¿Te gustaría quedarte por unos días en una estancia? ¿Por qué?

_____

2. ¿Por qué crees que a los turistas les gustan estos lugares? ¿Por qué son tan especiales?

_____

3. ¿Hay en tu país hoteles parecidos a las estancias? ¿Cómo son?

_____

5 **Imaginar** Imagine that you are a travel agent and that you need to create an itinerary for a client going to an **estancia**. Write the itinerary in the space below.

lunes	
martes	
miércoles	
jueves	
viernes	
sábado	
domingo	

6 **Escribir** Now imagine that you are a **gaucho**. What is your daily routine? Describe the activities you do every day.

En la mañana, yo _____

_____

_____

En la tarde, yo _____

_____

_____

En la noche, yo _____

_____

_____

Repaso

1 **¿Cuándo ocurrirá?** Create sentences with the elements provided. First, use the future and the present subjunctive. Then rewrite each sentence, using the future perfect and the present subjunctive.

> **modelo**
>
> (yo) / limpiar la casa // (nosotros) / ir al cine
> Limpiaré la casa antes de que vayamos al cine.
> Habré limpiado la casa cuando vayamos al cine.

1. Manuel / conseguir un trabajo // (tú) / comprar el coche

_____

_____

2. el candidato / cumplir (*keeps*) sus promesas // Ana / votar por él

_____

_____

3. Lola y yo / pintar el apartamento // ellos / mudarse

_____

_____

4. ustedes / terminar el trabajo // todos / llegar a la oficina

_____

_____

2 **Oraciones incompletas** Complete each sentence using the correct phrase from the word bank. Use each phrase once.

> la cocina no estaría tan sucia   no pasaría nada malo
> los dibujos saldrían mejor   tenían ganas
> ganáramos más dinero   tuvieran más experiencia
> hubieras venido ayer   yo habría aprendido más

1. Si me hubieras ayudado a estudiar, _____.

2. Ellos conseguirían ese trabajo si _____.

3. Habrías visto a Lucía si _____.

4. Si siempre pagaran a tiempo, _____.

5. Si la limpiáramos un poco, _____.

6. Estaríamos más contentos si _____.

7. Lilia y Marta nadaban si _____.

8. Si Gloria tuviera papel de mejor calidad, _____.

3 **El subjuntivo en acción** Complete the text with the correct forms of the verbs in parentheses. Use the present subjunctive, the past subjunctive, the conditional, the conditional perfect, the present perfect subjunctive, and the past perfect subjunctive as appropriate.

Si yo (1) _____ (vivir) en Uruguay, me gustaría vivir en Montevideo. No he

conocido a nadie que (2) _____ (estar) allí antes. Mi amigo Daniel me

recomendó el año pasado que (yo) (3) _____ (viajar) por Suramérica. Otros

amigos me recomiendan que (yo) (4) _____ (visitar) las islas del Caribe primero.

Mi novia quiere que yo la (5) _____ (llevar) de vacaciones a Costa Rica. Es

posible que este año mi familia (6) _____ (ir) de nuevo al Caribe en un crucero

(*cruise*). ¡Es una lástima que (nosotros) no (7) _____ (ver) muchos países de habla

hispana todavía! Espero que este año (nosotros) (8) _____ (poder) viajar más. Si

yo (9) _____ (tener) mucho dinero, (yo) (10) _____ (viajar)

siempre. Si mis abuelos (11) _____ (tener) las oportunidades de viajar que tienen

mis padres, habrían visto el mundo entero. Mi abuelo siempre nos aconsejó a nosotros que

(12) _____ (disfrutar) de la vida y que nunca (13) _____

(trabajar) tanto que no pudiéramos viajar. Si mi abuelo hubiera vivido hasta ahora, él

(14) _____ (ir) con nosotros a nuestro primer viaje en crucero. Y yo, ¡no dejaré de

viajar hasta que me (15) _____ (morir)! Espero que (nosotros) siempre

(16) _____ (tener) dinero, tiempo y salud para hacerlo.

4 **El extranjero** On a separate sheet of paper, write an essay in Spanish about life in the U.S. or Canada, a Spanish-speaking country, and your future home, using the following guidelines and keeping in mind the indicative and subjunctive tenses that you learned throughout your textbook.

- First, describe life in the U.S. or Canada: what you like, what bothers you, what is good, and what is bad. Mention at least one stereotype that you consider to be true and another that you feel is untrue about life in the U.S. or Canada. What would you recommend to someone who has recently moved to the U.S. or Canada? What other advice would you give that person?

- Next, write about a Spanish-speaking country. What would your childhood have been like if you had been born and had grown up there? What would your city and home be like? What would your parents be like? What would your education have been like?

- Finally, describe where you want to live in the future and why. Be sure to include some of the same topics in your explanation that you described in the other two sections.